朝作って、夜仕上げる

段取りごはん

朝の仕込みが自分をラクにする！

晩ごはんの間近になって、一から料理を作るのは、意外に気力がいるものです。
作るどころか献立さえも決まらずに、
食べる時間が遅くなったり、挫折して外食が多くなったり……。

けれども、朝のうちにちょっとでも、晩ごはんの準備をすませておけば、
気持ちの面でも料理の手間でも、だんぜんラクになります。

この本では、そんな「朝作って→夜仕上げる」という
「2段階の支度」を実践している6人の、段取りと献立を紹介します。

2段階の支度はいたってシンプル。
「週末などにまとめて作り置き」をするのではなく、
その日の朝の時点でだいたいの献立を決めてちょっとだけ準備します。
作り置きした料理の展開や組み合わせに悩むこともなく、
作り置いたものを余らせることもありません。

仕事で帰りが遅くなる人、子どもがいて料理に時間がかけられない人、

家族の帰宅に合わせて料理を仕上げたい人など、さまざまなライフスタイルの人に向いています。

「夕方」作って→夜仕上げてもいいですし、

「赤ちゃんのお昼寝中に」作って→夜仕上げてもいいのです。

5分、10分、20分……。忙しい朝に使える時間は、
人それぞれに限られているけれど、
野菜を洗ったりゆでたりする簡単なことから、はじめてみませんか？

もくじ

この本のレシピについて

＊とくに記載がない限り、朝「作り置き」した料理は冷蔵保存をして、その日のうちに食べ切ってください。
＊小さじ1は5mℓ、大さじ1は15mℓ、1カップは200mℓです。
＊「だし」は、こんぶとかつおの削り節や、煮干しでとったもの、市販のだしパックなどを好みでお使いください。

Part. 1
育ち盛りの子を持つ料理家のおうちごはんの段取り

仕事で料理に関わっている料理家の人たちは、家族のためにごはんを作る時、どんなことを大切にしているのでしょうか。ともに育ち盛りの子どもを持つ野口真紀さんとワタナベマキさんは、「朝作って、夜仕上げる」の段取りを、長年、実践しています。働く母として、夕方は仕事のことと家庭のことが入り交じる、忙しい時間帯。子どもの生活リズムや習い事の予定に合わせて、晩ごはんの支度をする——。そんな繰り返しにたのしく向き合うおふたりの暮らしのお話や、食材や道具の活用などの工夫の数々、おすすめレシピ&献立のアイデアについてうかがいました。

疲れてからでは、おいしいものが作れない！

野口真紀（料理家）

Data.
夫、娘（中学生）、息子（保育園児）と4人暮らし／東京都在住／自宅での仕事がメイン／晩ごはんは子どもの習い事前に食べる／支度の平均所要時間＝朝の仕込み・15〜20分、夜の仕上げ・15〜20分

Profile.
のぐち・まき／1973年生まれ。料理雑誌の編集者を経て、料理家に。素材の持ち味をいかした作りやすいレシピに定評があり、雑誌や広告などで活躍。ライフスタイルを紹介した『おいしい毎日おしゃれな明日』（KADOKAWA）、家庭料理のレシピ集に『きょうの一汁二菜』（主婦と生活社）など著書多数。

野口さんのくらし

マンション住まいの野口さんのお家は、いつおじゃましてもすっきりと片づいています。

朝の段取りで、暮らしにメリハリを

「おいしいものを食べて、おいしいお酒を飲むことが、人生でいちばんのたのしみ。そのために、毎日がんばっているようなものです！」

とびきりの明るさでそう話す野口さんは、保育園児の息子と中学生の娘を育てながら、毎日を全力でかけぬけています。夕方は誰しもが疲れるし、時間の余裕もなくなっていくもの。そんな状態ではおいしい料理が作れないから、朝の元気があるうちに晩ごはんを仕込むのが10年来の習慣です。

たとえば、サラダにする野菜は朝のうちに洗って、ペーパータオルでくるみながら冷蔵庫で冷やしておくと、ほどよく水分がきれて食べる頃にはパリパリの食感に。肉や魚は下味に漬けておけば、食べる前にさっと焼くだけでメインの料理が完成します。朝の仕込みのおかげで、夕方からはスイッチをオフにして、家族との食事の時間にゆったりと向き合えるのです。

ごはんの支度だけでなく、野口さんは暮らし全般において「後まわし」にせず、その時々でやるべきことを完結させています。毎日のスケジュールをきいてみると、その時間割は3つのパートに分かれているようでした。

最初のパートは、朝起きてから10時までの、ルーティンワークをする時間。洗濯機をまわしたり、掃除をしたり、毎日の家事をまとめて終わらせます。晩ごはんの仕込みをするのもこの時間帯。朝作るために、買い物は前日にすませておくか、朝9時から開いているスーパーを利用することもあります。

家事を終えたら、10時からはすっきりした気持ちで仕事に集中。撮影、打ち合わせ、レシピの原稿書きなど、日によって内容も場所も変わりますが、時間内で収まるように予定を組み立てます。たとえば、自宅で料理撮影をする時は、前日までにレシピ原稿や買い

一般的なカウンターキッチンで、料理の撮影もこなします。造りつけの棚で収納を工夫。

家事も仕事も終えて、キリッと冷やしたワインを飲むのが至福のひとときです。

出しを終わらせて、当日は朝からひとり黙々と料理を下ごしらえ。スタッフの集合はお昼以降にお願いし、いざ撮影がスタートしたら3時間以内を目標に一気に進めます。準備と本番のメリハリをつけて、集中するポイントを切り替えていくのが、家事にも仕事にも共通した野口さん流の働き方です。

そうして夕方5時前には仕事からフェードアウト。仕込んでいた料理をパッと仕上げて、家族と一緒に食卓を囲むくつろぎの時間帯に入ります。今日一日がんばったからこそ、このひとときを心からたのしめるのでした。

素材がよければ
シンプルで満たされる

野口さんの前職は、料理雑誌の編集者。もともと食べるのが大好きでしたが、仕事を通じてたくさんのおいしい食べ方に出合いました。お給料日に紀ノ国屋でちょっといいワインとチーズを買って帰るのが、ささやかなご褒美だったと話します。20代半ばにカメラマンの夫と結婚。その頃も料理はしていたけれど、残業が多い仕事ゆえに外食をたのしむことも多かったそうです。

28歳で出産をすると、自分自身が母の手料理で育ったように、わが子にも家庭の味を伝えていきたいと、あらためて思うように。添加物のない基本の調味料で、なるべく多品目を心がけながら、子どもの身体と心の栄養になるメニューを考えています。「みんな毎日の献立に悩みがちだけれど、メインとおみそ汁があれば十分じゃない？　副菜をつけるなら、たとえば青菜のオイル蒸しとか、シンプルでいいと思うんです」と野口さん。あれこれ手をかけなくても、素材がよければ料理はおいしくなるのです。「今日は作りたくない！」って気分の日も当然あるけれど、そんな時は無理をせず、近所の魚屋さんにお刺身を買いに行きます。自分の中で納得のいく「手の抜き方」をいくつか用意しておくことも、忙しい日々を乗りきるためのコツ。

「私は、疲れていてもやることが終わってないと休めない性分。それはどうしても変われないの。娘は『今日は卵かけごはんでもいいよ』とか言ってくれるけれど、ふと考えて、それでワインを飲むのは無理！　と思うから、けっきょく作るんです（笑）」

そんな自分をわかっているから、段取りをする。朝のひと手間が野口さんのごきげんな毎日を支えています。

◎ふだんの毎日

5:30	起床 身支度。朝ごはんを作る。洗濯機を3回まわす。
7:00	朝ごはん
8:00	娘が登校 息子が身支度をしている間、 晩ごはんの下ごしらえ。
9:00	保育園へ送る 時々は、買い物をしながら帰宅する。
9:30	掃除
10:00	仕事をはじめる
12:00〜13:00	撮影がある日のスタート時間 （事前にしっかり準備をして、3時間で終わらせる）
16:00	娘が帰宅 晩ごはんの支度をはじめる。保育園にお迎え。 習い事があるので娘だけ先に食べることも。
17:00	晩ごはん 子どもたちと食卓を囲みながら、自分は晩酌。 お風呂、片づけ。
21:30〜22:00	就寝

キッチン

オーダーの食器棚は、奥行きが浅いところが使い勝手バツグン。ほこりをかぶるのが嫌だから、収納は扉つきが基本です。

見えない収納で機能的に

食材

シンプルな調味料を味つけに活用

「すし酢」があると、ピクルスやサラダなどの味つけもすぐに決まります。原材料は酢、塩、砂糖、だしのみ。

ドレッシングは買い置きせず、ポン酢じょうゆ＋オリーブオイルで十分おいしい。和風ならごま油を合わせて。

だしにも、おやつにも

塩を使ってない「土佐屋商店」の「たべるヘルシー小魚」はおやつにつまんだり、だし用にも（P．21参照）。

ミートソース用にピューレを常備

ピューレだと煮込み時間が短縮（P.27参照）。おすすめは「アルチェネロ」の「有機粗ごしトマトピューレー」。

もの・道具

食卓に出せるお鍋を使う

「ストウブ」の鍋は煮込み料理がおいしく仕上がる上に、食卓に出してもサマになる！「ダンスク」の鍋は蓋が鍋敷きになります。

土鍋で炊いたごはんをおひつに移すと、冷めてもおいしい！ せいろは蒸し料理に、飯台はまぜ寿司に大活躍。

おいしさが変わる、和の道具

煮つめる和食には行平鍋が優秀。圧力鍋で玄米を炊くともちもちに。卵焼き器は銅製がきれいに焼けます。

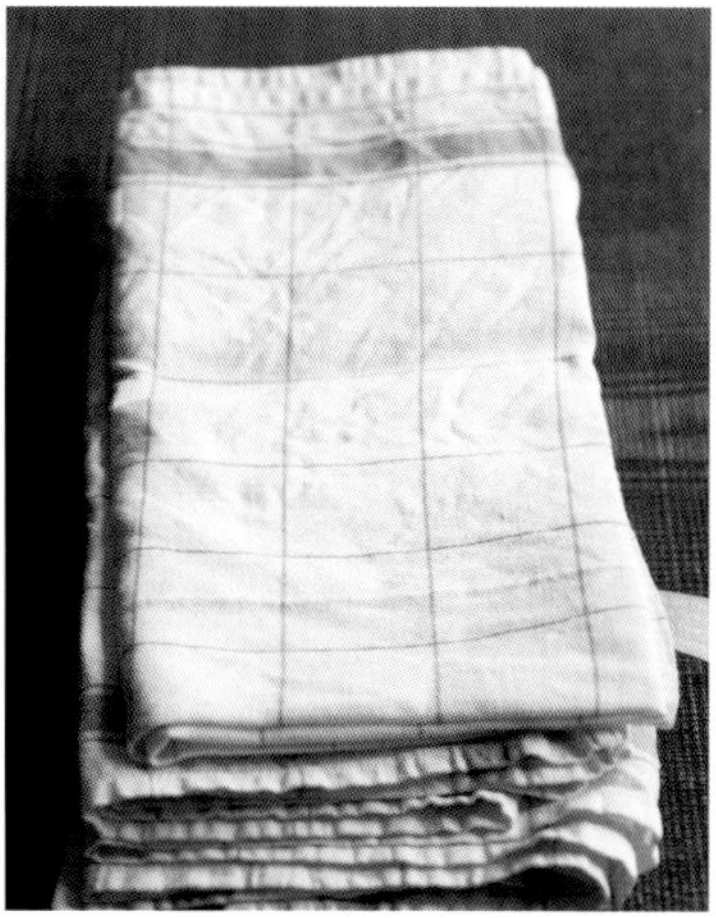

クロスで行き着いたのはコレ！

「リベコ」のキッチンクロスは大判で吸水性がよく、上質な麻だからグラスに繊維が残らないのが快適。

保存容器は中身が見えるもの

「ジップロック」の「スクリューロック」は中身がわかりやすいし、蓋がしっかり閉まって液もれもナシ。

好きな器で、コーディネートをちゃんとたのしむ

料理に合わせて和食の日は和の、洋食なら洋風のコーディネートをたのしみます。ガラスは好きな素材で、ついつい集めてしまいます。

← 作り置き

※この写真は4人分の材料です

鶏手羽の黒酢煮の献立

こっくり煮込んだ鶏肉がほろほろになるのがおいしい！ お酢を使っているから、夏場の作り置きにも安心なメニューです。時間がない朝にはゆで卵の代わりに、うずらの卵の水煮を使っても。副菜のトマトは湯むきをして冷やすことで口当たりがよくなります。

〈朝と夜の段取り〉

朝 ← 夜

朝

◎鶏手羽の黒酢煮の仕込み／鶏手羽とゆで卵を煮て、小松菜を下ゆでする（約40分）。
◎湯むきトマトのサラダの仕込み／トマトを湯むきし、調味料と和える（約5分）。

夜

◎鶏手羽の黒酢煮の仕上げ／小松菜を切り、器に盛りつける（約5分）。
◎湯むきトマトのサラダの仕上げ／香菜を切り、器に盛りつける（約2分）。

鶏手羽の黒酢煮

材料（2人分）
鶏の手羽元（または手羽先）
…8本
ゆで卵…2個
小松菜…½束
A 黒酢、水…各¼カップ
しょうゆ、酒
…各大さじ1強
砂糖…大さじ1
にんにく（つぶす）
…1かけ
しょうが（スライス）
…1枚
赤唐辛子…好みで½本

作り方
朝
①鶏肉は熱湯でさっと下ゆでして、水けをきる。
②フライパンにAを入れて煮立て、鶏肉、ゆで卵を入れて、蓋をして30分ほど煮る。
③小松菜は塩ゆでする。
夜
❹小松菜を4㎝幅に切り、器に敷く。温めた②を盛りつける。

湯むきトマトのサラダ

材料（2人分）
トマト…2個
塩…少々
香菜…ひとつかみ
ごま油…適量

作り方
朝
①トマトはへたをくりぬいて熱湯にさっとつけ、皮がはがれてきたら水にとる（湯むき）。皮をむいて6等分のくし形に切る。
②ボウルに入れ、塩をふり、ごま油をまわしかけてまぜる。
夜
❸器に盛り、ざく切りにした香菜をのせる。

めかじきの塩麹揚げの献立

朝の仕込みはめかじきを漬けるだけ。しらす豆腐もおみそ汁も簡単なので、夜に一気に仕上げます。いりこだしのおみそ汁は、鍋にすべての材料を入れて煮るだけだから、料理の最初にセットして同時進行で作りましょう。いりこのだしがらも食べてカルシウム補給に。

〈朝と夜の段取り〉

朝 → 夜

朝
◎めかじきの塩麹揚げの仕込み／めかじきを下味に漬ける（約5分）。

夜
◎めかじきの塩麹揚げの仕上げ／めかじきを揚げる（約10分）。
◎しらす豆腐を作る（約3分）。
◎じゃがいものおみそ汁を作る（約15分）。

できあがり ←

めかじきの塩麹揚げ

材料（2人分）
めかじき…2切れ
塩麹…大さじ1弱〜1
レモン…あれば½個
小麦粉、揚げ油…各適量

作り方
朝
①めかじきは水けを拭き取り、5〜6㎝角に切る。袋に入れ、塩麹を加えてもむ。
夜
❷小麦粉をまぶし、180℃の油でカラリと揚げる。
❸あればくし形に切ったレモンをそえる。

しらす豆腐

材料（2人分）
豆腐…1丁
しらす干し…20〜30g
青じその葉…2枚
塩…少々
オリーブオイル、こしょう…各適量

作り方
夜
❶豆腐を半分に切り、しらす、ちぎった青じそをのせ、塩とこしょうをふり、オリーブオイルをまわしかける。

じゃがいものおみそ汁

材料（2人分）
じゃがいも（スライス）…小1個分
玉ねぎ（スライス）…小¼個分
わかめ（乾燥）…大さじ½
いりこ…ひとつまみ
みそ…大さじ1〜1½

作り方
夜
❶鍋に、みそ以外の材料すべてと、水2カップを入れる（左の写真）。中火にかけて煮立て、アクを取り、蓋をして野菜がやわらかくなるまで煮る。
❷みそをとき入れる。

肉みそディップとおむすびの献立

にんにく入りの肉みそディップは、ちょっぴり甘めで食欲をそそる味つけ。スティックサラダにつけたり、葉ものを巻いたりすると、野菜がいっぱい食べられます。雑穀入りのおむすびを合わせてフィンガーフードに。子どもたちがたのしそうに食べてくれる献立です。

〈朝と夜の段取り〉

朝

◎肉みそディップの仕込み／肉みそを作り、野菜を洗う（約15分）。

夜

◎肉みそディップの仕上げ／野菜を切る（約5分）。
◎雑穀おむすびを作る（約5分・炊飯時間は含まず）。

できあがり ←

肉みそディップ

材料(2人分)
鶏ひき肉…250g
きゅうり、キャベツ、にんじん
…各適量
にんにく(みじん切り)…2かけ分
ごま油…大さじ1
A みそ…大さじ2½
砂糖…大さじ2
みりん、酒…各大さじ1½

作り方
朝
①フライパンにごま油、にんにくを入れ、弱火にかける。ほんのりと色がついてきたら、ひき肉を加えて炒める。
②肉の色が変わったら、Aを加え、水分をとばすように炒める。汁けがなくなれば完成。
③野菜は洗っておく。
夜
❹野菜を食べやすく切る。②をつけたり、巻いたりして食べる。

雑穀おむすび

材料(2人分)
米…2合
炊飯用雑穀…1袋(30g)
塩…適量

作り方
夜
❶炊飯の際に、雑穀をまぜてふつうに炊き、塩をまぶしておむすびを作る。

野菜たくさん和風つけめんの献立

どちらかといえば昼に食べることが多いメニューですが、こんな晩ごはんもあっていいのでは。今日は忙しい！って日に、ひとまず具がいっぱいの汁を作っておけば、あとはうどんをゆでるだけ。野菜もとれるし、ごぼうとしいたけの風味がほっとするおいしさです。

〈朝と夜の段取り〉

前日 夜 ← 朝 ← 夜

前日 夜
◎野菜たくさん和風つけめんの準備／干ししいたけを戻す（ひと晩おく）。

朝
◎野菜たくさん和風つけめんの仕込み／つけ汁を作る（約20分・干ししいたけの戻し時間は含まず）。

夜
◎野菜たくさん和風つけめんの仕上げ／うどんをゆで、つけ汁を温める（約5分）。
◎漬け物を切る（約2分）。

できあがり ←

野菜たくさん 和風つけめん

材料(2人分)

冷凍うどん…2玉
鶏もも肉…½枚
干ししいたけ…2枚
にんじん…4cm分
ごぼう…小½本
万能ねぎ(小口切り)…適量
A だし…2カップ
　干ししいたけの戻し汁…½カップ
　しょうゆ、みりん…各大さじ2
塩…少々

作り方

前夜
❶干ししいたけは、ぬるま湯につけてひと晩戻す(戻し汁はとっておく)。

朝
②鶏肉は皮と脂を取り除き、2cm角に切る。にんじんは細切り、ごぼうはささがきにする。しいたけは軸を取って細切りにする。
③鍋にA、②を入れて煮立て、アクを取り、蓋をして弱火で15分ほど煮る。

夜
❹うどんはゆでてざるにあげる(冷やしてもよい)。③を温めてお碗などによそい、ねぎを散らしてから、好みで七味(材料外)をふる。うどんをつけて食べる。

漬け物

夜 市販の漬け物(きゅうり、こんぶ)を切ってそえる。

← 作り置き

簡単ミートソースの献立

煮込むイメージのミートソースも、シンプルなトマトピューレを使えば10分煮るだけでOK。鶏のひき肉を使った、さっぱりめの仕上がりです。多めに作ってほかのメニューに展開しても（P.28参照）。魚介のサラダを合わせて、ワインがすすむ献立にしました。

〈朝と夜の段取り〉

朝

◎簡単ミートソースを作る（約20分）。
◎たことサーモンのサラダの仕込み／ドレッシングを作り、レタスをちぎる（約10分）。

夜

◎ミートソーススパゲッティを作る（約10分）。
◎たことサーモンのサラダの仕上げ／残りの材料を切って、器に盛る（約5分）。

できあがり ←

簡単ミートソース

材料（作りやすい分量）
鶏ひき肉…500g
トマトピューレ…1瓶（500g）
玉ねぎ…½個、タイム…あれば3〜4枝
塩、こしょう…各適量
オリーブオイル…大さじ2

作り方

朝
①玉ねぎはみじん切りにする。
②フライパンにオリーブオイル、玉ねぎを入れ、じっくり炒める。しんなりしたら、ひき肉を加えてよく炒め、塩、こしょうをふる。
③トマトピューレ、あればタイムを加えて10分ほど煮つめ、塩、こしょうをふる。
※冷蔵庫で約3日間、冷凍庫で約2週間保存可能。

ミートソーススパゲッティ

材料（2人分）
スパゲッティ…160g
簡単ミートソース…約2カップ
パルメザンチーズ（すりおろし）…適量

作り方

夜
❶熱湯に塩少々（材料外）を加えて、袋の表示どおりに、スパゲッティをゆでる。
❷フライパンにミートソースを入れて温め、ゆであがったスパゲッティにかける。仕上げにパルメザンチーズをかける。

たことサーモンのサラダ

材料（2人分）
たこ（足）…½本
サーモン（刺身用）…3〜4切れ
アボカド…½個
レタス…適量
A 紫玉ねぎ（または玉ねぎ）…⅛個分
ヨーグルト、マヨネーズ…各大さじ1
オリーブオイル…大さじ½
塩、こしょう、にんにく（すりおろし）…各少々

作り方

朝
①Aのドレッシングの材料をすべてまぜる（玉ねぎはみじん切り）。
②レタスは洗って食べやすくちぎり、水けをきる。

夜
❸たこは乱切りにする。アボカドは2cm角に切る。サーモンは半分に切る。
❹器にレタス、❸を彩りよく盛りつけ、ドレッシングをかける。

簡単ミートソースをおもてなしに展開

ラザニア

前日の夜から作り置けるメニュー。
ゆでないタイプのラザニアを使います。

材料（17×26×5cmの耐熱容器分）
ラザニア用パスタ（ゆでないタイプ）…9枚
簡単ミートソース…約2～3カップ
ホワイトソース＊…約2カップ
ピザ用チーズ…½カップ
粉チーズ…大さじ3、パン粉…適量

作り方
① 耐熱容器に、3回に分けて、ミートソース、パスタ、ホワイトソースを順に重ねる。チーズ、粉チーズ、パン粉をかける。※この状態で時間をおくと、パスタがやわらかくなる。ラップをかけて冷蔵庫へ（30分～ひと晩は作り置ける）。② 200℃のオーブンで、こんがり色づくまで20分ほど焼く。＊ホワイトソースはバター・小麦粉各大さじ2、牛乳2カップ、塩・こしょう各適量で作る。または市販品。

トマトとなすのミート焼き

ミートソースとなすは相性バツグン。
大きめトマトを入れてさっぱり味に。

材料（作りやすい分量）
トマト、なす…各2個
簡単ミートソース…約1カップ
ピザ用チーズ…適量
パン粉…適量
オリーブオイル…適量

作り方
① トマトは1cm幅に切る。なすは1cm幅の輪切りにする。② フライパンにオリーブオイルを入れて温め、なすを加えて両面を焼き、取り出す。続いてオイルを足し、トマトを加えて両面を焼く。③ 耐熱皿になすを敷き、ミートソースの半量をかけ、トマトをのせ、残りのミートソースをかける。チーズ、パン粉をかける。④ 200℃のオーブンで、こんがり色づくまで15～20分ほど焼く。

おやつも作り置きする

ポテトもち

子どもたちが大好きなおやつです。
冷蔵庫に作り置きすれば、さっと焼くだけ。

作り方

① じゃがいも大5個は、やわらかくなるまで皮ごと蒸す（またはゆでる）。
② ボウルに皮をむいたじゃがいもを入れてマッシュし、片栗粉大さじ2〜3を加えて全体をよくまぜる。直径6〜7cmの棒状にする。
※ラップに包み、冷蔵庫へ（2〜3日間保存可能）。

↓

③ フライパンにサラダ油大さじ2を熱し、1cm幅に切った②を入れて両面をこんがりと焼く。好みでしょうゆ・マヨネーズ・七味をまぜたソースにつけて食べる。

ついでのひと手間で、味がよくなることをする

ワタナベマキ（料理家）

Data.

夫、息子（小学生）と3人暮らし／神奈川県在住／自宅での仕事がメイン／家のごはんは何でも手作り派／支度の平均所要時間＝朝の仕込み・10～15分、夜の仕上げ・30～40分

Profile.

わたなべ・まき／1976年生まれ。グラフィックデザイナーを経て、「日々の食を大事にしたい」との思いから、料理の道へ。雑誌・書籍でのレシピ提案を中心に活躍中。旬の食材をいかした野菜料理、保存食などが得意。近著に『重ねて火にかけるだけで絶品おかず』（家の光協会）があるほか、著書多数。

ワタナベさんのくらし

家事や仕事の合間にはお茶を飲んでリラックス。ワタナベさんにとって欠かせない時間。

「ゆでる」「漬ける」「まぜる」をついでにすませておく

手作りのごはんが、ほっとできるから……。忙しい毎日の中でこそ食事にちゃんと向き合えるように、ワタナベさんは冷蔵庫に下ごしらえずみの食材をスタンバイさせています。まとまった時間はとれない分、合間を見つけて仕込んでおくのが、習慣づけるコツ。

　とくに朝は、朝食作りや後片づけのために必ずキッチンに立つので、「ついで仕込み」のいい機会です。朝の野菜を切るついでに晩の野菜も切って塩もみ、そのかたわらで魚にも下味をつけて……。あくまでも「ちょっとだけ」がワタナベさん流の進め方。

「料理は作りたてを食べたいから、朝の段階でするのは、材料をゆでたり、漬け込んだり、簡単なことばかり。それならついでにやっても負担じゃないし、素材として使いやすくなるんです。たとえば朝、鶏肉をしょうゆとお酒に漬けておいたとして、夜にしょうがを足せばから揚げが作れるし、ごぼうと煮れば和風の煮物が作れます。コチュジャンを使えば韓国風の味になって、トマトを入れれば洋風にもふれる。『今日はそこまでできない』となったら、鶏肉をそのまま焼いてもちゃんと味がついています。もし使わなくても冷凍しちゃえばムダになりません」

　肉や魚は下味に漬けるとドリップがふせげたり、やわらかくなったりするメリットも。野菜は塩でもむことで、水分が出て味がしまりやすくなります。素材としての余地を残しながら「おいしくなるひと手間」を加えるのが、ワタナベさんの朝の段取りです。

自分なりのフォーマットで流れをスムーズに

食生活で大切にしているのは、旬の食材を使うこと。出盛りの野菜は手に入りやすく、栄養があります。そして、

キャベツ、白菜、にんじん、大根などは塩もみをして、スープやサラダ、和え物に活用。

素材の力があるので、シンプルな味つけでもおいしい。買い物は週1回の宅配サービスをベースに買い足しをすることでやりくりします。

「宅配の注文の時点では、何の料理を作るかまではあまり考えず、バランスをとりながら材料で選びます。キャベツ、にんじん、玉ねぎなどは必ず頼む野菜。そこへ季節の野菜や葉ものを加えます。お肉も豚肉、鶏肉、ひき肉、2週に1度は牛肉も入れてローテーション。この前は薄切りだから厚切りにしようとか、お得なものを選んだりも」

　家族の健康を考えて、夜は単品料理ではなく「おかず+汁物+ごはん」を作り、メインは肉と魚を交互に出しています。小学生の息子の生活リズムに合わせると、夕食は6時に食べるのが理想。献立を決めるのは前日の夜ですが、明日のToDoを頭の中で整理しながら「夕方に打ち合わせがあるから、さっと作れるものにしよう」などと考えます。

　まずは優先したいことを決めて、段取りをする。時間、買い方、仕込みの範囲、材料や献立のまわし方など、自分なりのフォーマットを設けておけばそれが手がかりとなり、迷う時間が減ってスムーズな流れが生まれます。ワタナベさんの毎日には、繰り返しを豊かにする暮らしの型がありました。

◎ふだんの毎日

5:00	起床 水を飲む。着替える。ベランダの草花に水やり。 洗濯物を干す、洗濯機をまわす。
5:30	仕事(メールチェックなど)
6:00	朝ごはんの支度 合間に夕飯の下ごしらえと、時々は夫の弁当も作る。
6:40	朝ごはん
7:20	息子が登校 片づけをしながら、野菜をゆでたり、合間に洗濯。
7:40	掃除 はたきと掃除機をかけ、拭き掃除をする。
8:00	朝ドラを観る ここまでに掃除を終わらせる。
9:00	仕事をはじめる 午後、息子が帰宅したら、家にいる時には おやつを出したり、宿題や習い事をうながす。
17:00	仕事終了 すぐに晩ごはんの支度。
18:00	晩ごはん
19:00	片づけ 洗濯物をたたむ。お風呂に入る。 明日の洗濯タイマーをセット。
21:00 〜 22:00	就寝

買い物

買うものが決まっているから迷わない

週に1度の宅配では、キャベツ、にんじん、じゃがいも、玉ねぎ、長ねぎを必ずオーダー。使い切っていけば野菜不足になりません。

キッチン

好きな道具を見せて使う

好きでついつい集めてしまう壺には保存食や調味料、茶葉などを入れてどんどん使います。

カッティングボードは料理のサーブにも使います。カウンターに並べて風通しよく。

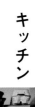

保存容器は機能的に選ぶ

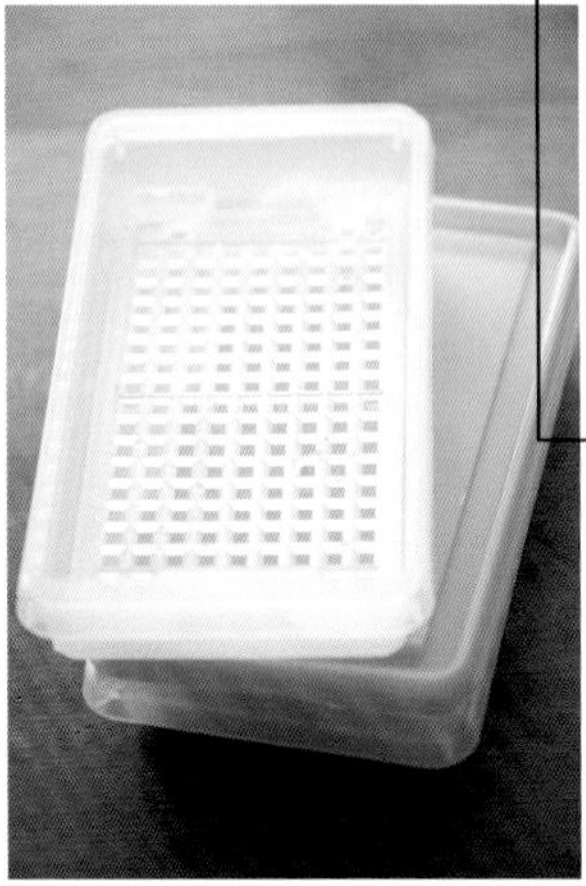

すのこつきで水がきれるボウルは洗ったレタスの保存に最適。バットには魚や肉を入れるとドリップが落ちておいしさを保てます。どちらも「タッパーウェア」製。

ゆでた青菜は巻きすで巻いて冷蔵庫へ。こうして保存するとほどよく水分がきれてべちゃべちゃになりません。切るのは食べる寸前に。

食材

いりこだしのおいしさに目覚め、
和・洋・中、何でもコレ！

おみそ汁もスープも汁物は何でもいりこだしで作ります。いりこは頭と内臓を取って炒り、こんぶは5cm角に切ってすぐ使えるように。「やまくに」の「パリパリ焙煎いりこ」なら炒る手間が省けます。「ストックだし」のレシピは水1ℓに、干ししいたけ2個、こんぶ5cm角、いりこひとつかみ。

くふう

ゆでておく、
洗っておく

宅配の食材が届いた日に、野菜をゆでたり、葉ものを洗ったりしておくだけでも後の料理がラク。ちょっとひと品が増やせるように。

鶏肉の煮物の献立

お肉を漬けて、にんじんを塩もみし、青菜をゆでるという、朝によくやるパターンの仕込みを使った一汁三菜の晩ごはん。夜は鶏肉を煮ている間に、副菜を仕上げます。おみそ汁は宅配到着時にゆでてあったオクラと、いつもストックしているだしに、長ねぎをさっと加えて作ります。

〈朝と夜の段取り〉

朝 → 夜

朝

◎鶏肉の煮物の仕込み／鶏肉を下味に漬ける（約5分）。
◎キャロットラペの仕込み／にんじんを千切りにして、塩もみする（約5分）。
◎青菜の白和えの仕込み／小松菜をゆでる（約5分）。

夜

◎鶏肉の煮物の仕上げ／野菜を切り、炒めて煮る（約20分）。
◎キャロットラペの仕上げ／調味料で味つけする（約5分）。
◎青菜の白和えの仕上げ／和え衣を作り、和える（約5分）。
◎ストック材料で、おみそ汁を作る（約5分）。

できあがり ←

鶏肉の煮物

材料(2人分)
鶏もも肉…400g
れんこん…120g
玉ねぎ…½個、だし…400mℓ
スナップえんどう(ゆでたもの)
…あれば適量
塩…適量
ごま油…小さじ1
A しょうが(すりおろし)
…1かけ分
酒…大さじ2
みりん、しょうゆ
…各大さじ1

作り方
朝 ①鶏肉は皮を取り、食べやすい大きさに切る。Aを加えて軽くもむ。
夜 ❷鶏肉は汁けをきる(漬け汁はとっておく)。れんこんは1cm厚さに、玉ねぎは6等分に切る。
❸鍋を中火で温め、ごま油、鶏肉を入れて、炒める。
❹れんこん、玉ねぎを加えてさっと炒め、だし、鶏肉の漬け汁を加えて、アクを取りながらひと煮立ちさせる。
❺弱火にして蓋をし、15分ほど煮て、塩で味を調える。器に盛り、あればスナップえんどうをのせる。

青菜の白和え

材料(2人分)
小松菜*…½束、絹ごし豆腐…½丁
白練りごま…大さじ2
しょうゆ…小さじ2、塩…適量
*小松菜は1束をゆでておき、残り半量は2~3日中に、おみそ汁の具やおひたしに使っても。

作り方
朝 ①小松菜は、塩少々を加えた湯で1分半ほどゆでて水にさらし、水けをしぼる。
夜 ❷小松菜を、食べやすい長さに切る。
❸ボウルに絹ごし豆腐、白練りごま、しょうゆを入れ、なめらかになるまでまぜる。
❹小松菜を加えて和え、塩で味を調える。

キャロットラペ

材料(2人分)
にんじん…½本、塩、こしょう…各少々
白ワインビネガー、オリーブオイル
…各小さじ2

作り方
朝 ①にんじんは、千切りにして塩をふり、しんなりするまでもむ。
夜 ❷にんじんの水けをしぼり、残りの調味料を加えて和える。

おみそ汁

夜 ストックのだしと、ゆでオクラ、長ねぎを具にして作る。

← 作り置き

さけのホイル焼きとスープの献立

具だくさんのスープは、よく仕込むメニューのひとつ。味つけを変えれば翌朝も出せるから、いつも多めに作っておきます。魚はホイルで包むと、あとは焼くだけの状態で簡単。これだけでも十分ですが、あれば冷蔵庫のストックでサラダをそえて箸休めにします。

〈朝と夜の段取り〉

朝 → 夜

朝

◎さけのホイル焼きの仕込み／ホイルに具をセットする（約5分）。

◎スープを作る（約20分）。

夜

◎さけのホイル焼きの仕上げ／グリルなどで焼く（約8分）。

◎スープを温めてよそう（約5分）。

◎ストック材料で、サラダを作る（約5分）。

できあがり ←

さけのホイル焼き

材料（2人分）
さけ（甘塩）…2切れ
しめじ…80g
白ワイン、オリーブオイル
…各小さじ2
こしょう…少々
レモン（スライス）
…あれば適量

作り方

朝
①しめじは石づきを取り、ほぐす。アルミホイルにオリーブオイル少々（材料外）をぬり、さけ、しめじをのせる。
②白ワイン、こしょう、オリーブオイルをまわしかけ、あればレモンスライスをそえる。アルミホイルを閉じる。

夜
❸②をグリル（またはフライパン）で蒸し焼きにする。

ビーンズサラダ

夜
ストックのゆで豆、ゆで卵、ベビーリーフに、塩をふり、オリーブオイルをまわしかけて作る。

スープ

材料（作りやすい分量）
じゃがいも…3個
玉ねぎ…1個
にんじん…1本
ブロッコリー…1株
白ワイン…50㎖
塩…小さじ¼
こしょう…少々
オリーブオイル…小さじ1

作り方

朝
①じゃがいも、玉ねぎ、にんじんは1㎝角に切る。
②鍋を中火で熱し、オリーブオイル、①を入れてさっと炒める。
③全体がしんなりしたら、白ワイン、水4カップを加え、アクを取りながらひと煮立ちさせる。
④弱火にして12分ほど煮る。塩、こしょうをふる。
⑤トッピング用のブロッコリーをゆでる。ブロッコリーは茎を切って小房に分け、熱湯に入れて3〜4分ゆで、ざるにあげて水けをきる（別途、容器で保存）。

夜
❻鍋を火にかけてスープを温め、器によそい、細かくくだいたブロッコリーを適量のせる。

※スープの残りは、翌朝にポタージュにしたり、ミニトマトやカレーパウダーを加えてアレンジを。ブロッコリーの残りもサラダなどに活用。（ともに冷蔵庫で約3日間保存可能）。

肉と野菜の重ね蒸しの献立

一日中、外で仕事の日は「鍋に材料を重ねるだけ」のメニューで乗りきります。朝、鍋にセットしておけば、夜は火にかけるだけで味も決まっているし野菜もとれて、ほんとうに気がラク。おみそ汁のあさりも、買った日に塩水にひたして、砂抜きしながら保存します。

〈朝と夜の段取り〉

朝 → 夜

朝

◎肉と野菜の重ね蒸しの仕込み／材料を切って、鍋に重ねる（約8分）。
◎大根サラダの仕込み／大根を切って、塩でもむ（約5分）。

夜

◎肉と野菜の重ね蒸しの仕上げ／鍋を火にかけて蒸し煮にする（約15分）。
◎大根サラダの仕上げ／パプリカを切って、味つけする（約5分）。
◎あさりのおみそ汁を作る（約8分・砂出し時間は含まず）。

できあがり ←

肉と野菜の重ね蒸し

材料(2人分)
豚ばら肉…300g
白菜…小¼個
長ねぎ…½本
しょうが(千切り)…1かけ分
香菜…あれば適量
塩…小さじ⅓
A 酒…大さじ2
　だし…100㎖

作り方

朝
①白菜は横1㎝幅に切り、塩をふってしんなりするまでもむ。
②長ねぎは斜め薄切りにする。豚肉は3㎝幅に切る。
③鍋に白菜、長ねぎ、豚肉の順に重ね、同様にもう一度重ねて2段にし、最後に白菜、しょうがを重ねる。

夜
❹③の鍋にA加え、蓋をして中火にかける。煮立ったら弱火にし、10分ほど蒸し煮にする。仕上げに、好みでこしょう(材料外)をふり、ざく切りにした香菜をそえる。

大根サラダ

材料(2人分)
大根…150g
パプリカ…¼個
パセリ…あれば適量
塩…小さじ¼
A 白ワインビネガー
　…大さじ½
　オリーブオイル…大さじ1
　こしょう…少々

作り方

朝
①大根は3㎜厚さの半月切りにし、塩をふってしんなりするまでもむ。

夜
❷パプリカは縦に薄切りにする。①の大根は水けをしぼる。
❸ともにボウルに入れ、Aを加えて和える。あればパセリのみじん切りを散らす。

あさりのおみそ汁

材料(2人分)と作り方

夜
❶鍋に、よく洗ったあさり(殻つき・砂出ししたもの)200g、だし2カップを入れ、中火にかける。煮立ったら弱火にして、あさりの口が開いたら火を止め、みそ大さじ1½をとき入れる。仕上げに三つ葉適量を散らす。

オーブンで焼くハンバーグの献立

子どもが大好きなハンバーグは、一度に作ろうとすると工程が多いイメージだけれど、朝のうちにたねだけ仕込んでおけば、グッとハードルがさがります。オーブンで焼けば中までふっくら。シンプルにレタスをそえて、缶詰でさっと作れるコーンスープを合わせました。

〈朝と夜の段取り〉

朝 → 夜

朝

◎オーブンで焼くハンバーグの仕込み／ハンバーグのたねを作る（約10分）。
◎レタスサラダの仕込み／レタスを洗って水けをきる（約3分）。

夜

◎オーブンで焼くハンバーグの仕上げ／たねを丸めて焼き色をつけてからオーブンで焼く。途中で野菜を加える（約25分）。
◎コーンスープを作る（約10分）。
◎レタスサラダの仕上げ／ちぎって盛りつける（約3分）。

できあがり ←

オーブンで焼くハンバーグ

材料（2人分）

合いびき肉…450g、玉ねぎ…½個

パン粉…大さじ2、牛乳…大さじ2

いんげん…8本、にんじん…小1本

オリーブオイル…小さじ1

A ┃赤ワイン…大さじ1、とき卵…½個分
  ┃塩…小さじ½、こしょう…少々

B ┃バター…20g、ウスターソース…大さじ2
  ┃ケチャップ…大さじ2

作り方

朝

①玉ねぎはみじん切りにし、耐熱皿に入れてラップをかけ、電子レンジ（600w）で2分ほど加熱する。ラップをはずし、粗熱を取る。

②パン粉は牛乳をかけてやわらかくする。

③ボウルにひき肉、①、②、Aを加えてねばりが出るまでよくまぜ、ひとまとめにする。

夜

❹オリーブオイルを熱したフライパンに、2〜4等分した③を丸めながら入れ、表面に焼き色をつける。

❺170℃に温めたオーブンで、10分ほど焼く。

❻いんげんは端を切り、縦2等分に切る。にんじんは縦6等分に切る。オーブンに加えて、さらに6分ほど焼く。

❼焼きたてのうちに、Bを合わせてかける。バターがとけたら器に盛りつける。

※フライパンはオーブンに入れても大丈夫なものを使うと便利（なければ❹でハンバーグを天板に移す）。

コーンスープ

材料（2人分）

コーンクリーム缶…小1缶

玉ねぎ…½個

だし…200㎖

白ワイン…大さじ2

塩…小さじ⅓

こしょう…少々

オリーブオイル…小さじ1

作り方

夜

❶鍋にオリーブオイル、みじん切りにした玉ねぎを入れ、すきとおるまで炒める。だし、白ワイン、コーンクリーム缶を加え、中火にかける。アクを取りながらひと煮立ちさせる。弱火にして5分ほど煮る。塩、こしょうをふり、味を調える。

レタスサラダ

作り方

朝

①レタス適量は洗って水けをきる（冷蔵庫で冷やし、パリッとさせる）。

夜

❷レタスをちぎって、器に盛りつけ、こしょう・オリーブオイル適量をふる。

オーブンで焼くハンバーグの献立を作る流れ

朝

野菜を洗う

サラダでそえるレタスは、朝のうちに洗って冷蔵庫で水きりをしておくと、すぐに使えて便利。切らずにそのまますのこつきボウル（P.36参照）に保存。

細かく

玉ねぎを切る

玉ねぎ½個の切り口を下にして、まずは横向きに包丁を2回ぐらい入れてから、縦に数本、切り口を入れ、細かくみじん切りにしていきます。

レンジで加熱

ハンバーグに入れる玉ねぎは、レンジで加熱すると食感もやわらかくなるし、簡単です。600 Wで2分が目安。終えたらラップをはずして粗熱を取ります。

すばやく

肉をこねる

ボウルにひき肉やつなぎなどの材料、冷めた玉ねぎを入れてよくまぜます。ねばりが出るまでこねるのが、おいしさのポイントです。

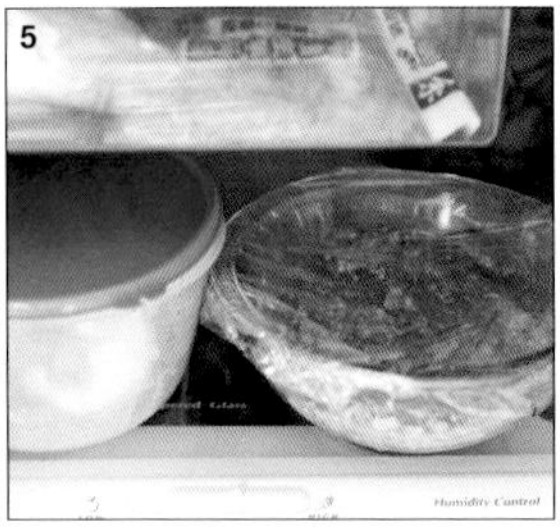

冷蔵庫へ

こね終わったら、ひとまとめにしてラップをかけて、冷蔵庫へ。夜までの間に、たねには下味がしみ込み、レタスは水がきれてパリパリに。

オーブン活用

献立のひと品をオーブンで作ると、ガス台をふさがない分、土鍋でごはんを炊いたり、サイドメニューのスープを作ったりするのがスムーズに。庫内では食材の水分が逃げにくいから、肉汁が閉じ込められて、ハンバーグがふっくらジューシーに仕上がります。

夜

米を炊く

炊きたてのごはんが食べられるように、まずはお米を洗って浸水。炊飯用の土鍋で炊きはじめます。炊飯器より早くておいしく炊きあがります。

丸めながら焼く

オーブンを170℃に温めつつ、オリーブオイルを熱したフライパンに、ハンバーグを丸めながら並べていきます。流れ作業で効率的に。

焦がさないように

焼き色をつけてオーブンへ

フライパンでは両面に焼き色をつけたら、あとはオーブンに入れてお任せです（オーブンに入れられるフライパンが便利）。まずは10分をセット。

その間にスープを作る

ハンバーグを焼いている間にコーンスープを作ります。スープに使うのも、いりこだし。下処理をするから魚の臭みもなくて品のいい味です。

さっと加える

途中で野菜を加える

10分がたったら、つけあわせの野菜を切って、オーブンの中に加えます。この野菜は下ゆでしなくても大丈夫。ここからさらに6分ぐらい焼きます。

味つけして完成

肉汁が透明になっていたら完成。温かいうちに味つけを。バターはハンバーグにかけてとかせばOK。あとはきれいに盛りつけていただきます！

完成！

ぶりのオイスターソース炒めの献立

週に一度は食べたい青魚は、気軽に使える切り身でレパートリーを増やしています。オイスターソースに漬けてみたら、味つけの幅が広がりました。ちょっぴりにんにくをきかせて、ガッツリ味に。韓国風にもやしのナムルと、箸休めにゆでておいた枝豆をそえて。

〈朝と夜の段取り〉

朝

◎ぶりのオイスターソース炒めの仕込み／ぶりに下味をつける（約5分）。
◎もやしときゅうりのナムルの仕込み／もやしをゆで、きゅうりを塩もみする（約5分）。

夜

◎ぶりのオイスターソース炒めの仕上げ／野菜類とぶりを炒める（約10分）。
◎もやしときゅうりのナムルの仕上げ／きゅうりともやしを和える（約3分）。
◎おみそ汁を作る（約8分）。

できあがり ←

ぶりのオイスターソース炒め

材料（2人分）
ぶり…2切れ
エリンギ…3本
長ねぎ…½本
ごま油…小さじ1
A にんにく（スライス）…1かけ分
オイスターソース、酒…各大さじ2

作り方

朝
①ぶりはAに漬けて軽くもむ。

夜
❷エリンギは縦3～4等分に裂く。長ねぎはエリンギの大きさにそろえて切る。
❸フライパンを弱火で熱し、ごま油を入れ、汁けを軽く拭いた①のぶりを入れる（漬け汁はとっておく）。
❹表面に焼き目がついたら裏返し、弱火のままエリンギ、長ねぎ、漬け汁を加え、蓋をして5分ほど蒸し焼きにする。好みで七味（材料外）をふる。

もやしときゅうりのナムル

材料（2人分）
もやし…⅓袋
きゅうり…½本
塩…小さじ¼
ごま油、白いりごま…各小さじ1

作り方

朝
①もやしはゆでて、水けをきる。
②きゅうりは千切りにし、塩をふり軽くもみ、出てきた水分をぎゅっとしぼる。

夜
❸ボウルに①のもやし、②のきゅうり、塩少々（分量外）、ごま油を入れて和え、白いりごまをふる。

パプリカとブロッコリーのおみそ汁

材料（2人分）と作り方

夜
❶パプリカ¼個は薄切りに、ブロッコリー¼株は3～4等分に切る。
❷鍋に❶、だし2カップを入れ、中火にかける。煮立ったら弱火にして、みそ大さじ1½をとき入れる。

肉と魚の漬けバリエーション

白身魚の酒粕漬け焼き

白身魚を買ったら即粕漬けにしておけば、さっと焼くだけでごはんがすすむひと品に。

←

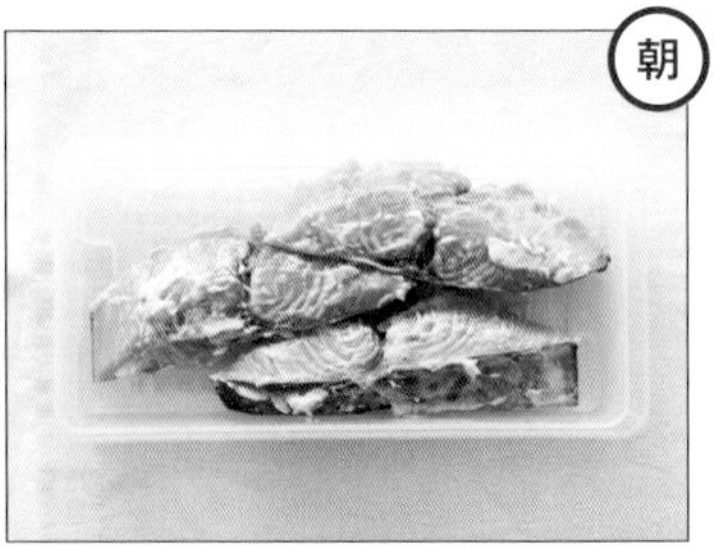

① 白身魚2切れは塩をふり、約20分おいて出てきた水分を拭く。 ② 酒粕大さじ4とみりん大さじ3を合わせて、やわらかくする。 ③ 白身魚に酒粕をぬって、味をなじませる（冷蔵庫で約3日間保存可能）。 ❹ 酒粕をペーパーなどで拭き取り、弱火で温めたフライパンで焦がさないように片面を焼く。裏返して蓋をし、6分ほど焼く。 ❺ 器に盛り、ざく切りにしたせりや大葉などをそえ、あればゆずの皮の千切りを散らす。

さばのバルサミコ漬け、オーブン焼き

青魚とバルサミコは相性がぴったり。トマトと一緒に焼いてイタリアンなメニューです。

←

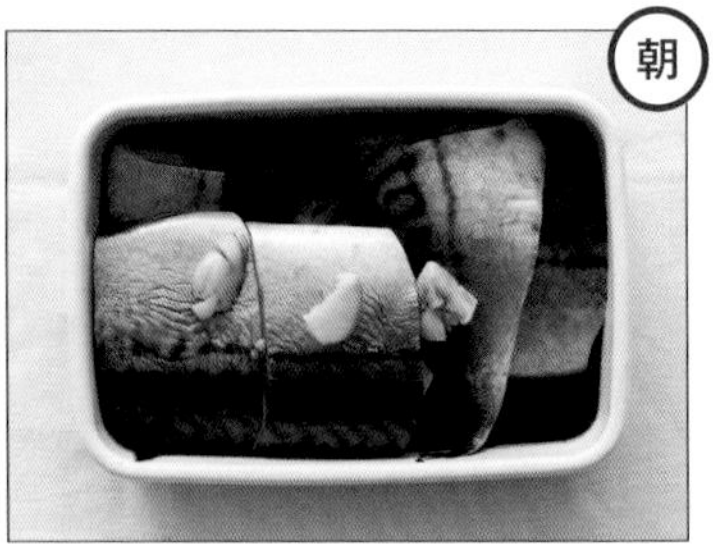

① さば2切れは塩をふり、約20分おいて出てきた水分を拭く。 ② にんにくの薄切り1かけ分と、バルサミコ酢・白ワイン各大さじ2をまぜてさばを漬け、味をなじませる（冷蔵庫で約2日間保存可能）。 ❸ さばを3等分に切り、耐熱皿に入れる。 ❹ 玉ねぎ½個は薄切りに、ミニトマト7個は横2等分に切り、耐熱皿に加える。 ❺ 全体に塩小さじ½、こしょう少々をふり、オリーブオイル適量をまわしかけ、パン粉大さじ3をふる。170℃に温めたオーブンで13分ほど焼く。あればパセリのみじん切り少々を散らす。

—レシピの材料は２人分—

※ 漬けている写真は1.5～２倍量です。

豚肉のマスタードソテー

和風の下味に漬けても、仕上げにマスタードを加えることで、ひと味違ったおいしさに。

←

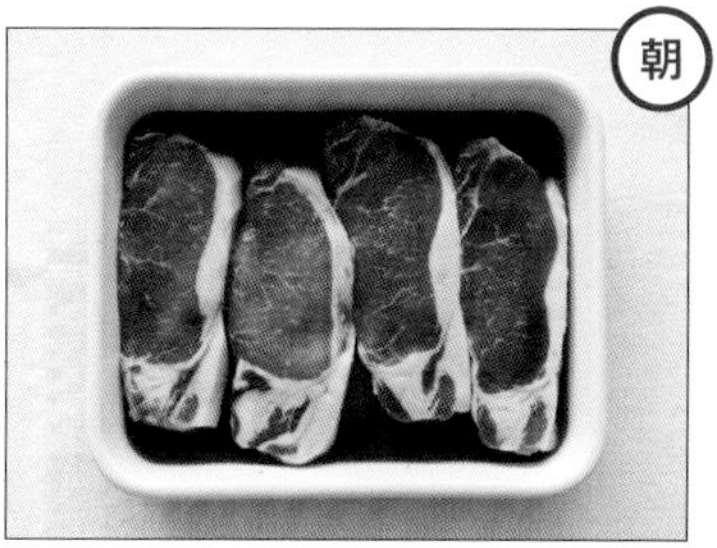

① 豚ロース厚切り肉２枚に、酒大さじ2、みりん・しょうゆ各大さじ１を加えてもみ込む（冷蔵庫で約３日間保存可能）。 ❷ 豚肉は軽く汁けをきり、粒マスタード大さじ２をよくもみ込む。 ❸ フライパンを中火で熱し、オリーブオイル小さじ１と豚肉を入れて、片面を焼く。裏返して、白ワイン大さじ２を加え、蓋をして弱火で４分ほど蒸し焼きにする。 ❹ 食べやすい大きさに切り、ベビーリーフ適量をそえる。

鶏肉のコチュジャン煮

鶏肉の煮物の韓国風アレンジ。コチュジャンのおかげで味の方向が変わります。

←

① 鶏もも肉350gは皮を取り除き、3㎝角に切る。 ② 酒大さじ2、みりん・しょうゆ各大さじ１を加えてもみ込む（冷蔵庫で約３日間保存可能）。 ❸ 玉ねぎ½個は８等分のくし形に切る。ごぼう½本は1㎝厚さの斜め切りにし、水にさらす。 ❹ 鍋を中火で熱し、ごま油小さじ1、汁けをきった鶏肉（漬け汁はとっておく）を入れ、焼き色をつける。 ❺ 玉ねぎ、ごぼうを加えてさっと炒め、だし400㎖を加えてアクを取りながらひと煮立ちさせる。 ❻ 鶏肉の漬け汁、ゆでたうずらの卵6個、コチュジャン小さじ１½を加え、弱火にして８分ほど煮たら、塩少々で味を調える。あればゆでた青菜少々をそえる。

コラム

みんなの愛用キッチン道具

おいしい料理の陰には支える道具あり！ お気に入りを見せてもらいました。

オイルボトル

フランスで買ったオイルボトルは、実は裏側に模様が描いてあるのを、いつも無地のほうを見せて使っています。白には米油、黄色にはオリーブオイルが入っています（宮脇 彩）。

入れ子のホーロー

色がかわいいホーローは、実家の母からもらったフィリピン製。しまう時は入れ子、使う時も上に重ねられて場所をとりません。食材や作り置きの保存に使います（谷山彩子）。

ホーローバケツ

アジアの雑貨を扱うお店で買ったもの。円柱形で場所もとらずポンポン入れられる。袋もののおやつをストックして、キッチンの棚に置いています（谷山彩子）。

ぬか漬け用の陶器

台湾で買った蓋つき陶器は、最初は汁物用だったけれど、ぬか床を入れるには陶器がいいと聞いてそれ専用に。ぬか床をまぜる時、うれしい気持ちになります（ワタナベマキ）。

小鹿田焼の壺

大分の作家・坂本創さんのところで買いました。小鹿田焼といえば「飛び鉋」が有名ですが、これは「流し掛け」という技法。今年はこれに梅干しを漬ける予定（桑原紀佐子）。

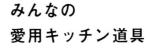

WESTSIDE33の鍋

鍛金で作られた銅鍋は、浅めのオーバルを選びました。煮物はもちろん、アスパラもそのまま蒸せて、白菜も丸ごと入ります。毎日のように愛用（ワタナベマキ）。

ボロ市で見つけた鍋

銅製の鍋は、東京・世田谷のボロ市で見つけた掘り出し物。おまけしてもらい数千円で買いました。わりと軽いので、デイリーに活躍しています（桑原紀佐子）。

鉄瓶

南部鉄器の鉄瓶は、盛岡の「釜定」で買いました。これでお湯をわかすとまろやかに。朝の白湯やお茶を淹れるのに、10年以上、毎日7～8回は使っています（ワタナベマキ）。

ダンスクのオーブン容器

ダンスクが大好きで、この容器はアンティークのものを買いました。グラタンやグリル野菜などのオーブン料理に大活躍。料理が映える白が気に入っています（野口真紀）。

竹ざる

野菜の水きり、ゆで野菜や麺類の湯きりに、毎日何度も使っています。見える場所にかけておいても美しく、あたりがやわらかいのも自然素材の道具のいいところ（藤沢あかり）。

工房イサドの木べら

「工房イサド」さんはカッティングボードが有名ですが、へらも使いやすい！ このカーブが絶妙なのか、どんな鍋底にも合うので、いろんな人におすすめしています（藤沢あかり）。

吉實の包丁

東京・亀戸の「吉實」の包丁は、手に持った時の重さやバランスが絶妙で、使っていて疲れません。鋼は切れ味もよく、手入れをしながら使い続けています（ワタナベマキ）。

オクソーのミニホイッパー

手のひらにおさまるサイズのホイッパーは、合わせ調味料やドレッシングを作るのにも活躍します。しなりがよくて、力を入れなくてもしっかりまざるのが快適（藤沢あかり）。

菜箸

料理が変わるごとに洗う手間を省きたくて、菜箸は「両方の箸先が使えるもの」に出合うと即購入しています。とくに朝のお弁当作りの時に重宝（桑原紀佐子）。

盛りつけ箸

できあがった料理を盛りつけたり、お弁当をつめたりする時は、箸先が細い専用箸がスムーズ。銘柄はこだわらずに選んでいます（ワタナベマキ）。

つまようじ入れ

鳩の姿をした木彫りのつまようじ入れは、長野にある「栄屋工芸店」のもの。キッチンカウンターやテーブルに出しっぱなしでもかわいくて部屋になじんでいます（藤沢あかり）。

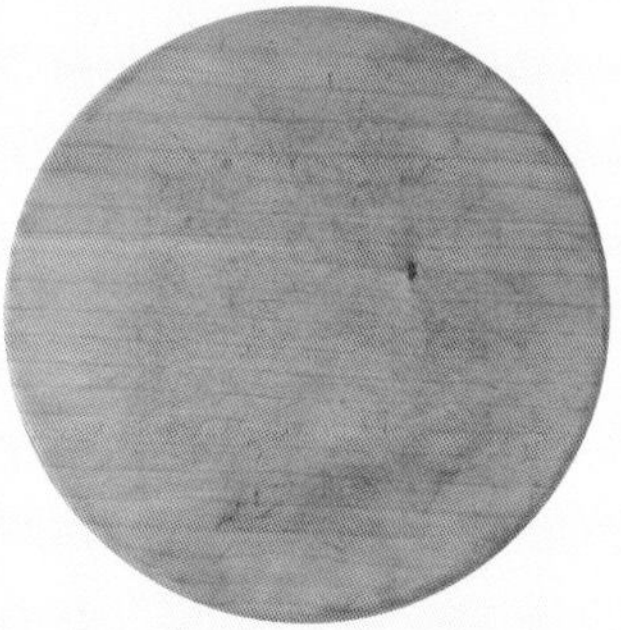

丸いまな板

直径約23 cm。丸い形が場所をとらなくて、気がつくといつもこのまな板を使っています。切った材料を鍋にざっと入れる時なども、小回りがきいて使いやすい（ワタナベマキ）。

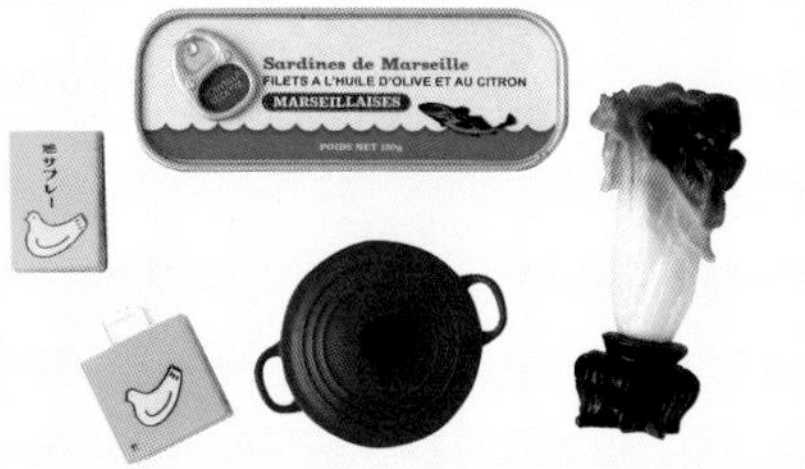

マグネット

レシピをキッチンなどにとめる時以外にそう使わないけれど、ミニチュア感がおもしろいマグネットは国内外の「食」にまつわるモチーフをコレクション（宮脇 彩）。

Part. 2

「いただきます」まで15分！　食を大事にする人の段取り

一日の終わりに、手作りのごはんを食べて、くつろぎの時間をすごす――。そんなひとときを大切にしている人たちに、毎日の段取りについてうかがいました。みなさん「2段階の支度」を実践していますが、晩ごはんを朝に仕込んでいる人もいれば、夕方に仕込んでいる人の姿も。仕事の内容、家族構成、生活リズムはさまざまながら、共通しているのは「仕上げにかける時間は15分！」ということ。支度をはじめて「いただきます」まで一気に進めるために、また、日々のごはん作りのモチベーションをあげるために……。それぞれのスタイルを紹介します。

朝の料理が、頭の準備体操

谷山彩子（イラストレーター）

Data.

夫婦2人と猫1匹暮らし／東京都国立市在住／徒歩5分の仕事場に通う／夜はもっぱら晩酌派／支度の平均所要時間＝朝の仕込み・15～20分、夜の仕上げ・15分

Profile.

たにやま・あやこ／1966年生まれ。セツ・モードセミナーを卒業後、HBギャラリー勤務を経て、フリーランスに。暮らしまわりのモチーフを得意とし、『暮しの手帖』をはじめとする雑誌の挿し絵、書籍の装画、広告のイラストなど幅広いジャンルを手がけている。http://taniyama3.tumblr.com/

谷山さんのくらし

ふだんの料理をスケッチしたノートに、谷山さんの食生活のたのしさがつまっています。

家に帰ったらすぐに晩酌をはじめたい

「疲れている時はもやしの袋を開けるのもめんどうで」と、冗談まじりの本音トークがたのしい谷山さん。仕事の後の晩酌のために、朝のうちに「あとひと息」のところまで、おつまみの支度を進めておくのが日課です。

「朝、料理をするのは目覚まし代わりでもあるんです。私は通勤が短いので、料理をしながら手を動かしたり、順番を考えたりすることで、仕事前の準備体操をしているような感覚。夜はすぐ呑みたいし、呑んじゃうと洗い物をするのも嫌でしょう。だから洗い物がなるべく出ない手順を考えるのが、けっこうおもしろくて。最近では包丁を使わないでも仕上げができるぐらいに、段取りが進化したんですよ」

日中は、いざ仕事がはじまれば何が起こるかわかりません。「うまくいかなくてやさぐれたりすれば、帰ってからちくわにチーズをつめる気にもなれない」と笑います。でも、朝のうちにちまちまと準備しておけば「ああ、今日はちくわにチーズがつまってるんだ。あれを焼いて食べるのうれしいな」と思いながら一日をすごせる。朝の作り置きは、夜の自分のために〝おたのしみ〟を仕込んでおくことなのです。

たのしく料理をするために

平日は、夫の帰りを待ちながらの晩酌タイム。ただいまの声がきこえたら、自分と同じおつまみをさっと出せる点も都合がよくて、今のような支度のスタイルにたどり着きました。揚げ物やパスタなどのできたてがおいしい料理は一緒にいられる週末にたのしみます。

「かつては煮物や煮びたしをまとめて作っていたけれど、飽きるし味も落ちるしで、食べきれないことも。この頃は食材を使いやすいように整えておい

ベランダに面したキッチンは気持ちのいい場所。料理をしながら頭と身体をほぐしていきます。

て、その日の気分でアレンジがきくようなレパートリーを増やしています。大人のふたり暮らしだから〝多めに作りすぎない〟のはすごく大事。そして、下ごしらえしたものは〝2〜3日で使い切る〟と決めています。それ以上あると忘れちゃうし、食べたくなくなっちゃうから。冷蔵庫にあるな……と見つけたら、すぐに何かとまぜる。見なかったことにしない（笑）」

　めんどうだな、と思う気持ちをそのままにするのが苦手な谷山さんは、先手を打ってすっきりしたくて、いろんな対策で日常に風を通している様子。料理のモチベーションをあげるために、買い物の仕方にもひと工夫が。

「料理をするのがたのしみになるような食材を買いたいんです。野菜は地元野菜を専門に売っている八百屋さんが、わくわくしていいんですよ。お肉や魚は多少高くてもいいものを選びます。乾物や調味料も個人店や専門店で探すか、旅先で買うのもおたのしみです。休みの日に余裕があれば、夫に車を出してもらって農協直売所とか個性派のスーパーマーケットに遠征することも。マンネリになりがちな自分の料理に変化がつけられます」

　時々は、気分転換にお総菜を買うこともありますが、そのまま出すとわびしいし、罪悪感もちょっぴり。だからお総菜を葉ものと和えてサラダ仕立てにしたり、軽く火を入れたり、ひと手間を加えて気持ちを盛りあげます。

　料理の支度はまるでリレーのよう。毎日続けていけば、少し残ったものをまわせてどんどんラクになる。そのリレーを途切らせまいと、谷山さんは今日もせっせと朝の仕込みに向かいます。

◎ふだんの毎日

6:30〜7:00	起床 まずは朝ごはんの支度。 同時に晩ごはんの仕込みをはじめる。
7:30	朝ごはん
8:00	夫出勤 片づけ、掃除、洗濯をしながら 仕込みを続ける。
9:30	家事終了
10:00	出勤 徒歩5分の仕事場に通う。
19:00〜20:00	仕事終了 この時間に終わるのが目標。
20:05	帰宅 すぐにキッチンに立ち、 仕込んでいた料理を仕上げる。 ただいまから15分後にはひとり乾杯態勢。
22:00〜23:00	夫帰宅 夫用に準備していたおつまみを出す。
0:30	就寝 キッチンは必ず片づけてから、 眠りにつく。

キッチン

よく使うものだけを並べたキッチンの棚。毎日の仕込みに欠かせない保存容器は、大きなかごにざっくり収納が使いやすい。ゴミの処理などに使う古新聞もさっととれるようにスタンバイ。

保存容器は取り出しやすい特等席に

もの・道具

"ひとりずつ"セットできる小鍋とプレート

平日は夫婦で帰宅時間が違うから、それぞれの分を盛りつけておける器や、小回りがきく道具を活用。右の小さな土鍋はくまがいのぞみさん作。

すくったり、まぜたりに使いやすい「あんべら」

なんてことない形なのに、いざ使うと手放せなくなるあんべらは、横浜中華街の台所用品専門店「照宝」で買ったもの。ディップをまぜたり、すくったりに活躍しています。

買い物

野菜はご近所の「しゅんか　しゅんか」で、新鮮な地元野菜を選びます。いい食材に出合いながら料理に向かう気持ちを盛りあげて。

料理をするのがたのしくなる食材を買う

買い物した食材をどうしまうかが段取りの勝負。ひと手間かけられない時は、そのまま冷蔵庫に入れたりせずに、見える場所に一時置き。

すぐにしまえない時はかごにひとまとめ

元気な時に買い出しに行き、しまう前にチームを分ける

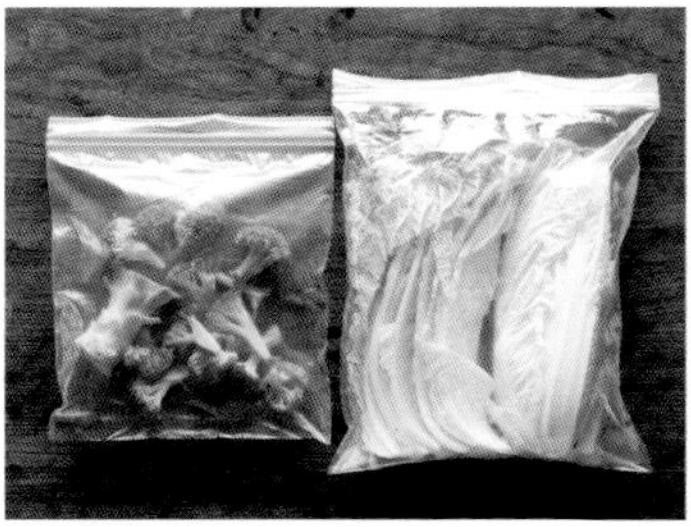

白菜、ブロッコリーなどかさばる野菜はカットして保存袋へ。

ひき肉はすぐ使えるよう、しょうがや塩、酒などをまぜてから保存。

ミニトマトは洗ってへたを取り、つぶれないように保存容器へ。

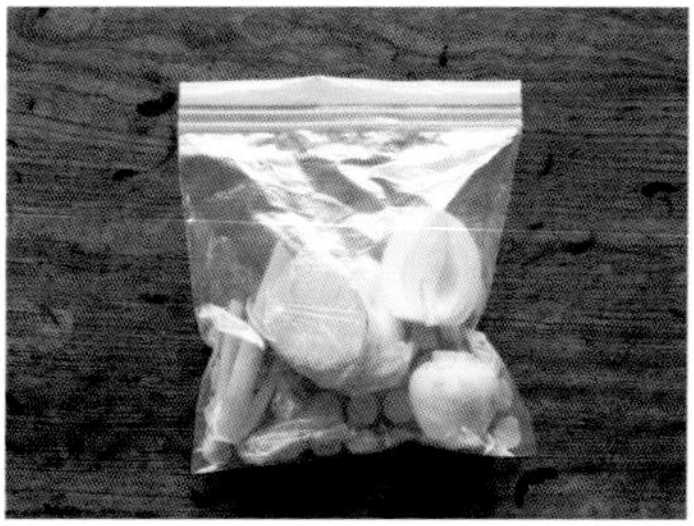

残った野菜は保存袋にまとめておき、早めに使えるように意識する。

葉ものは水を入れた花瓶に挿して見える場所へ。早めに使います。

青じそは少しだけ水をはった瓶につけておくと、ながもちします。

くふう

薬膳の本で身体にいいと読んでから、きくらげがマイブームに。大好きなお豆ときくらげは、すぐ使えるように水で戻しておきます。

乾物をつねに
スタンバイしている

時々は、一定期間、食べたものをカレンダーにメモしてみます。後から読み返すと「そうだ、あれ作ろう」と献立のヒントに。

何を食べたか
献立をメモしておく

一週間のうち
半日は
作り置きにあてる

余裕がある日はキッチンにこもり冷蔵庫の整理と補充。買い出しをして野菜をしまったり、煮豚やハンバーグだねを作って冷凍したり。ゼロから料理をすることがなくなって、リレー方式におかずが決まるように。

ポトフにワインの献立

朝に鍋料理を仕込んでおけば、夜は温めるだけ。和風の鍋もよく作りますが、洋風にしたい日はポトフを煮込みます。ワインの時間がたのしくなるように、買ってきたおつまみも献立に参加。ポトフはひとり分を小さな土鍋に取り分けてから温め、そのままテーブルに。

〈朝と夜の段取り〉

朝 ← 夜

◎ポトフの仕込み／野菜を切って、やわらかくなるまで煮込む（約40分）。

◎ポトフの仕上げ／ソーセージとマッシュルームを加えて、温める（約10分）。
◎前菜プレートの仕上げ／市販の食材を、切ったり、まぜたりして、プレートに並べる（約5分）。

できあがり ←

ポトフ

材料（2人分）
ソーセージ…大2本
玉ねぎ…大1個
にんじん…½本
じゃがいも（メークイン）
…大1個
にんにく…1かけ
マッシュルーム…8個
白ワイン（またはシェリー）
…大さじ1
固形スープの素…2個
ローリエ
…1枚（またはセロリの葉1本分）
塩、こしょう…各適量

作り方
朝
①玉ねぎは大きめのくし形に、にんじんは厚めの輪切りにする。じゃがいもは皮をむく。にんにくはつぶす。すべてを厚手の鍋に入れる。
②白ワインをふりかけ、蓋をして、弱火で1〜2分ほど蒸し煮する。
③水5カップ、固形スープの素、ローリエを加え、中強火にかける。コトコトしてきたら弱火にして、30分ほど煮る。
夜
❹ソーセージ、マッシュルームを加え、弱火にかけて温める。塩、こしょうで味を調える。

前菜プレート

東京・国立にある手作りソーセージのお店「ノイ・フランク」のパテ、「紀ノ国屋」の「フォーシードブレッド」、オリーブなどをプレートに並べる。クリームチーズに酒盗（かつおの塩辛）をまぜ、ディップとしてそえる。

← 作り置き

青魚のアジアンサラダの献立

平日にふつうの揚げ物を作るのは忙しいけれど、揚げ焼きならば15分の仕上げでもいけちゃいます。朝の仕込みで青魚を切る時は、キッチンばさみを使うと簡単。もう少しボリュームをつけたい日には、大根と一緒にちくわなどの練り物を煮込んでも。

〈朝と夜の段取り〉

朝 → 夜

朝

◎青魚のアジアンサラダの仕込み／いわしを下味に漬け、クレソンをちぎる（約10分）。

◎大根煮の仕込み／大根を下ゆでする（約7〜8分）。

夜

◎青魚のアジアンサラダの仕上げ／いわしを揚げて、クレソンをドレッシングで和えて、器に盛る（約15分）。

◎大根煮の仕上げ／味つけして煮込む（約15分）。

できあがり ←

青魚のアジアンサラダ

材料（2人分）

いわし（開いたもの。またはあじ）
…3～4枚
クレソン＊…1束
片栗粉…大さじ2
ナンプラー…少々
好みですだち、レモンなど…各適量
油…適量

A しょうが（すりおろし）
…1かけ分
酒…大さじ4～5
しょうゆ…大さじ2

B オリーブオイル…大さじ1
酢…大さじ2
塩、こしょう…各少々

＊クレソン以外に、香菜やセロリを使ってもおいしい。

作り方

朝
①いわしは尾を切り落とし、縦半分に切る。
②Aをバットにまぜ、いわしを漬ける。
③クレソンは洗って水けをきり、食べやすいサイズに手でちぎる。

夜
❹いわしに片栗粉をまぶす。フライパンに1.5～2㎝程度の油を入れ、皮目からこんがりと揚げ焼きにする。
❺Bをよくまぜ、クレソンにかけてさっとまぜたら、器に盛る。❹をのせ、ナンプラーをひとふりする。好みですだちをしぼる。

大根煮

材料（2人分）

大根…真ん中の部分7㎝分
めんつゆ…適量

作り方

朝
①大根は皮をむき3.5㎝厚さの半月切りにして、面取りをする。鍋に入れ、かぶるくらいの水を加えて、すっかりやわらかくなるまでゆでる。粗熱を取り、水をはった保存容器に入れる。

夜
❷鍋に大根、ひたひたの水、めんつゆ（かけつゆぐらいの濃さ）を入れ、弱火で15分ほど煮る。

おつまみプレートの献立

簡単なおつまみでも、帰ってきたら和えるだけの状態にしておきます。こんな日は、ごはんとおみそ汁でシメることも。豆サラダは青木美詠子さんの本に出ていた「楽屋（ささや）」のレシピを参照。タモリのお刺身は、テレビ番組で見たのをまねて作ってみたらおいしくて定番に。

〈朝と夜の段取り〉

前日 夜 → 朝 → 夜

前日 夜
◎豆サラダの準備／豆を水につける（ひと晩おく）。

朝
◎豆サラダの仕込み／豆をゆでて、めんつゆに漬ける。春菊の茎をゆでる（約10分）。
◎セロリとちくわのスティックの仕込み／材料を切る（約5分）。

夜
◎タモリのお刺身を作る／材料を切って、味つけする（約10分）。
◎セロリとちくわのスティックの仕上げ／ディップを作る（約3分）。
◎豆サラダの仕上げ／春菊の茎を切って、豆とまぜる（約3分）。

できあがり ←

タモリのお刺身

材料(2人分)

あじ(刺身用におろしたもの。またはいわし、かんぱちなど)
…小1パック
青じそ…4枚
A ポン酢じょうゆ
…大さじ1½〜2
オリーブオイル…大さじ1

作り方

夜
❶刺身は薄めのそぎ切りにする。
❷Aをよくまぜ、刺身を和える。
❸青じそをきざんでのせる。

セロリとちくわのスティック

材料(2人分)

セロリ…20㎝分
ちくわ…2本
ツナ缶詰…1缶
A マヨネーズ…大さじ1
ねぎ塩ごま油*…小さじ1

*作り方はP.75に。ねぎ塩ごま油がない時は、しょうゆ少々でもOK。

作り方

朝
①セロリは筋を取り、食べやすくスティック状に切る。ちくわは縦に2〜4等分に切る。

夜
❷ツナは水けをきり、Aをまぜる。

豆サラダ

材料(2人分)

黒豆、ひたし豆…各半カップ
めんつゆ…適量
春菊の茎…2本分ぐらい
白いりごま…あれば適量

作り方

前夜
❶豆はそれぞれたっぷりの水につけてひと晩おく。

朝
②豆を水ごと別々の鍋に入れ、強火にかけ、沸騰したら中火にしてアクを取りながら2〜3分ゆでる。
③ひとつのざるにあけ、2種類をまぜて、粗熱を取る。容器に入れてめんつゆ(つけつゆぐらいの濃さ)をひたひたにそそぐ。
④春菊の茎はさっとゆで、ざるにあげて、粗熱を取る。

夜
❺春菊の茎を1㎝幅に切り、③とまぜて器に盛る。あれば白ごまをふる。

※豆を別々にゆでるのは、黒豆の色が移らないように。

おつまみバリエーション

きのこのアヒージョ

たっぷりのきのこを、ひとり用の土鍋でアヒージョに。パンにつけて食べても。

←

① 鍋に、くずしたアンチョビのフィレ（2〜3枚分）、にんにくのみじん切り（大2かけ分）を入れ、オリーブオイルをひたひたにそそぐ。　② 好みのきのこ（マッシュルーム、しいたけ、しめじ、エリンギなど）適量は、食べやすい大きさに切ったり、ほぐしたりする。　❸ ①の鍋に、②のきのこを加え、よくまぜて全体に油をなじませる。❹ 弱火にかけ、蓋をして、きのこがしんなりするまで蒸し煮にする（焦げないように様子を見ながら）。

キムチ納豆

まぜておけば、発酵が進んでよりおいしくなる!?　豆腐にのせてもおいしいです。

←

① 納豆1パック、きざんだ白菜キムチ適量、ごま油小さじ1、塩少々をまぜておく。　❷ 油揚げ2枚をグリルでこんがりと焼き、食べやすく切って器に盛り、①の納豆キムチをのせる。※納豆キムチはまぜて少し時間をおいたほうが発酵が進むそう。

—材料は2人分—

缶詰焼き

近所のコンビニでも売っている「家バル サバのグリーンペッパー」という缶詰をよく使います。

←

① 青ねぎ1〜2本をきざんでおく。 ❷ オイルサーディンの缶詰（またはさばのオイル漬けの缶詰）1缶を、グリルかオーブントースターでジュワジュワするまで焼く。ねぎをのせる。※しょうゆをたらしたり、すだちなどをしぼってもおいしい。

ねぎザーサイ

よく作り置きしている「ねぎ塩ごま油」に、ザーサイをまぜるだけの居酒屋メニュー。

←

① ねぎ塩ごま油を作る（作りやすい分量）。長ねぎ5cm分をみじん切りにする。保存容器に入れ、塩ひとつまみをふってなじませてから、ごま油をひとまわしかけ、よくまぜる。 ❷ ザーサイ5〜6枚を細切りにし、ねぎ塩ごま油小さじ1と和え、黒いりごま少々をふる。※ねぎザーサイは、ごはんにまぜて、シメのおにぎりにしてもおいしい。

仕込んでおけば、待つのも苦じゃない

宮脇 彩（エッセイスト）

Data.
夫と2人暮らし／東京都在住／自宅仕事／平日は毎晩、一汁三菜のごはんを作る／支度の平均所要時間＝夕の仕込み・1時間、夜の仕上げ・15分

Profile.
みやわき・さい／1968年生まれ。成城大学文芸学部卒。会社勤めの後、結婚を機に家庭に入る。夫の転勤に伴い、2年半のパリ暮らしを経験。帰国後は、建築家の父・宮脇檀が遺したアトリエに暮らす。著書に『バゲット アスパラ 田舎道』（PHPエディターズグループ）、『ごはんよければ すべてよし』（講談社）がある。

宮脇さんのくらし

ゆったりとニュースを観ながら、テーブルの上にセットした材料を仕込んでいきます。

夕方作って夜に仕上げる

「ごはんは家族そろって食べるのが実家のオキテだったんです」と話すのは、建築家の故・宮脇檀を父に持つ宮脇彩さん。炊きたてのごはんを喜び、たとえ一食でも口に合わないものは選ばず、食べることには全力投球するのが宮脇家の当たり前でした。現在は父が遺したアトリエで夫婦ふたり暮らし。夫が仕事から帰るのは夜の11時台ですが、毎晩一緒に食卓を囲んでいます。

「自分が好きでやっていることとはいえ、何時に帰るかわからないのに、ずっと支度を待ち続けるのはつらいものですよね。かといって、電子レンジで温めるのはベチャッとするようでつまらない。だから夕方のうちに途中まで作っておくようにしたんです」

夜になったら夫の帰るコールを合図に、仕上げに入る。そんな段取りを10年以上は続けています。

「最初のうちは、どこまで作っておくのかが迷いどころでした。作り置きしておいしくなるものもあれば、そうでないものも。おひたしは味がしみ込んでいいんですが、和え物によっては事前に和えると水分が出たり、眠たい味になったり。いろんな失敗を重ねるうちにコツがつかめていきました」

実家ではもっぱら大皿料理を食べていたけれど、新婚家庭の晩ごはんといえば一汁三菜かな、と作り続けているうちにすっかり定着。ちなみに、夫の転勤でフランスに住んでいた間は、むこうの食生活に合わせてオードブルからはじまる料理を作っていたとか。かたまり肉しか売っていないし、出まわる野菜も違うから、土地のスタンダードに合わせるのがいちばんなのです。

そんな彩さんの暮らしの中心にあるのは、言わずもがな三度の食事。家事と仕事は午前中にすませ、2時頃から運動をかねて毎日買い出しに。

「ほとんど趣味と言えるかも。その日

の気分でいろんなスーパーやデパ地下に行くのがたのしくて。お店に並んでいる野菜やお魚を見ながら、今日は何を作ろうかなあと考えます」

もともと買い物は好きでしたが、フランス滞在中のマルシェ通いで、旬の食材を選ぶおもしろさに目覚めました。帰国してからも食材との出合いからはじまる料理を大事にしたくて、輸入品を扱う専門店や築地市場へ足をのばすことも。新鮮な食材をたずさえて家に到着したら、おやつとお茶でひと息入れつつ晩の仕込みのはじまりです。

「まずはテーブルに座って、ニュース番組を観ながら、ちまちまと手を動かします。野菜の筋を取ったり、お肉を野菜に巻いたり、単純な作業をするこの時間が好きなんですよね」

その後はキッチンに移り、手際よく料理を進めます。シャキシャキのれんこんに、ムニムニのちくわを合わせてと、味つけだけでなく食感のバランスも考えて。また、同じ青菜のおひたしでもかつお節かそば茶か、トッピングを変えるだけで違う味になるのを日々研究しています。

作り終えたら、蓋つきのバットに保存して冷蔵庫へ。外食をすると厨房をじっと観察している彩さん。小料理屋で板前さんがこのバットを使っている姿を見て「いいかも！」とまねて以来、段取りに欠かせない道具に。一汁三菜分の下ごしらえが美しくセットされると達成感が満ちてきます。「食いしん坊」は人生をたのしむ才能のひとつ。食にまつわる好奇心が、彩さんの毎日を愉快なものにしていました。

◎ふだんの毎日

8:00	起床 まずは朝ごはんの支度をして、夫を送り出す。
9:30	掃除などの家事 ごはんを健やかに食べるための体操もする。
11:00	事務・仕事
13:00	昼ごはん
14:00	買い物 運動がてら、買いだめせずに 毎日歩いて買い物に行く。
17:00	帰宅 おにぎりやパンなどを食べながら、 ひと息入れる。
18:00	晩ごはんの仕込み テレビのニュースを観ながら、 テーブルの上で仕込み。 その後、キッチンへ。
22:00〜23:00	晩ごはん 夫の帰るコールを合図に、晩ごはんを仕上げる。 おしゃべりをしながら 一緒にできたての晩ごはんを食べる。
1:00	就寝

買い物

運動をかねて、毎日買い出し

旬のものや変わった食材など、その日出合ったもので献立を考えます。写真左のバターナッツかぼちゃでポタージュを作るのが最近のブーム。プラス玉ねぎでだしがなくても濃厚な味に。

専門店で買うたのしみ

築地市場で買い出しと、帰りにランチをするのが月に一度のおたのしみ。回を重ねるうち、かつお節はここ、わかめはこっち……という具合にひいきの店ができました。

セットできるとうれしくなる

板前さんをまねて使っている蓋つきバットは合羽橋で購入。深いバットは副菜を、浅いバットは主菜を仕込んでおくのにちょうどいい。

おみそ汁は食べる寸前に仕上げたいので、目盛りつきのミルクパンにだしを入れ、具を入れたボウルを蓋代わりに重ねてから冷蔵庫へ。

よく使うものは、専用グッズもあり

山椒好きなので、香りが立つようなひきたてを使いたくて、専用ミルを買いました。山椒のほかにもスパイスはひとそろえしています。

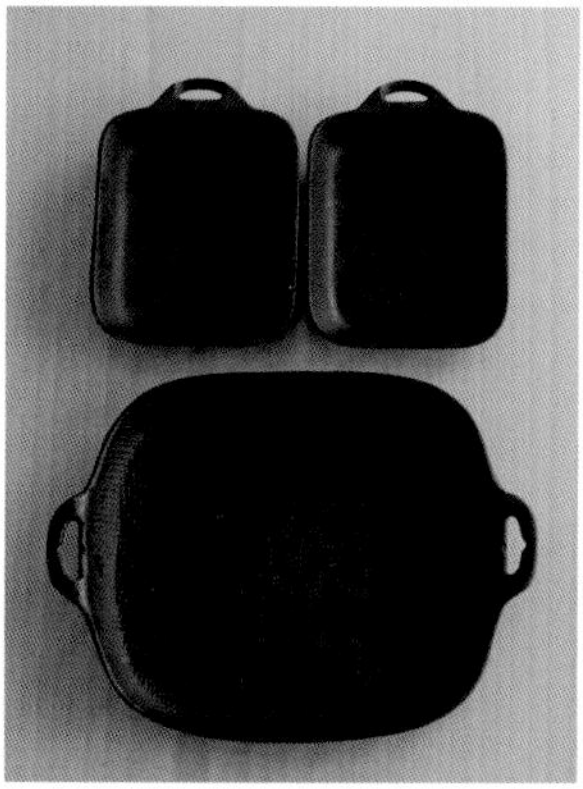

魚焼きグリルで使える鋳物の焼き皿は「及源」製。肉や魚がこんがり、ふっくらと仕上がります。小さいほうは目玉焼きやグラタンに。

通路幅60cm、およそ2畳のキッチンは、壁面がすべて収納に

父が「男のひとり暮らし用」に設計したキッチンは桁外れの狭さ。それを逆手にとり、作業位置から動かずともすべてのものに手が届く「コックピット式」の収納を徹底しました。

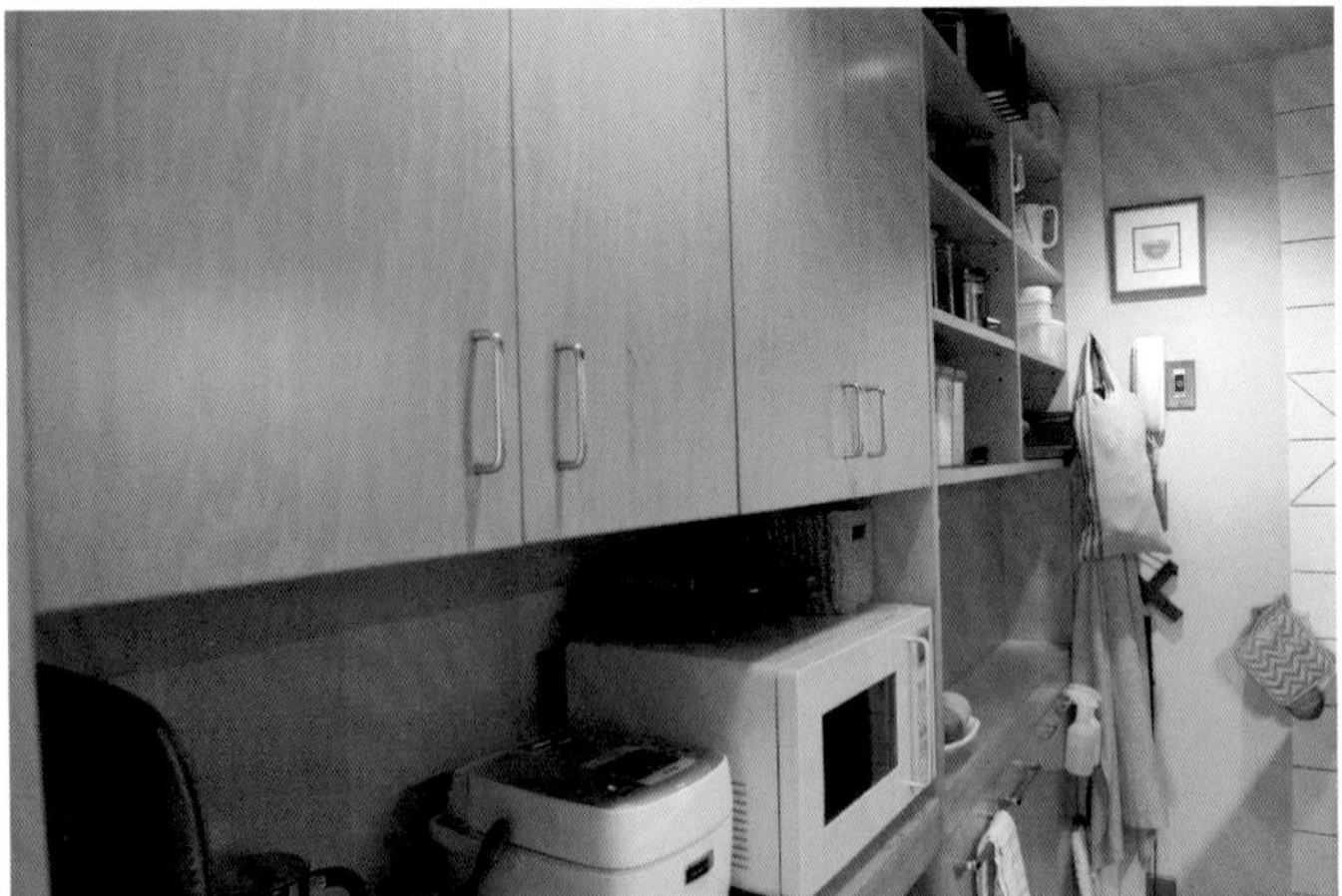

シンク背面の棚には、炊飯器に電子レンジにトースター、ゴミ箱、食器、さまざまな調味料から、ミキサー、ワッフルメーカーまで収まっています。ないものは土鍋ぐらいだそう。

手の届く場所に、かける、重ねる、並べる

ツール立てや引き出しだと収まりにくいトングは、ラックにひっかける収納がベスト。

よく使う鍋やフライパン、湯きり用のざるはコンロの前に吊るしてさっととれるように。

バットやボウルは重ねることで収納量アップ。よく使うツールは立てておきます。

お皿は吊り戸棚の中に立てて、取り出しやすく収納。鍋の蓋などもこの方式です。

食材

十八番のおひたしは、トッピングで変化をつければ飽きない

右上から時計回りに、そば茶、針しょうが、かつおの削り節、じゃこ、青のり、ごま、干しえびと、これだけで7通りのバリエーション。じゃこは油をかけて電子レンジで加熱するとカリカリの食感になります。

味のキメテは白じょうゆ

おひたしの味つけが好みに仕上がる「ヤマシン白醤油」。近所では売ってないので、遊びにくる友だちに買ってきてもらうことも。

くふう

時々、レシピノートを見て〝食べたいものリスト〟をつける

レシピはファイリングして、すぐに見られるようにキッチンの棚に収納。

時々ながめて献立のヒントに。買い物中に思い出せるようリストにメモ。

作る時はファイルからはずし、見やすい場所にマグネットでつけて使う。

← 作り置き

塩鶏の山椒蒸しの献立

献立は味つけが似たものを組み合わせないように、また、遅い時間に食べるので重すぎないように考えています。鶏肉は事前に味つけをしたら、夜は蒸すだけ。トマトは事前に和えると水っぽくなるので、別途小さなボウルに和え衣をセットし、バットの中に準備しておきます。

〈夕と夜の段取り〉

夕 → 夜

夕

◎塩鶏の山椒蒸しの仕込み／肉に下味を漬ける（約5分）。
◎五目なますを作る（約15分）。
◎トマトのザーサイ和えの仕込み／トマトを湯むきする。和え衣を準備する（約15分）。
◎にらと揚げのおみそ汁の仕込み／具とだしを別々に準備する（約10分）。

夜

◎塩鶏の山椒蒸しの仕上げ／蒸す（約15分）。
◎トマトのザーサイ和えの仕上げ／和える（約3分）。
◎にらと揚げのおみそ汁の仕上げ／みそ、具を入れる（約3分）。
◎五目なますを器に盛る。

できあがり ←

塩鶏の山椒蒸し

材料（2人分）
鶏もも肉…1枚、山椒…適量
長ねぎの青い部分…1本分
酒…大さじ1、塩…小さじ1

作り方

夕
①鶏肉は筋切りして、塩と山椒少々をふる。ねぎとともに保存袋に入れて、酒をふる。

夜
❷蒸気の上がった蒸し器に皿を敷き、鶏肉、ねぎを入れ12～15分ほど蒸す。
❸鶏肉をひと口大に切り、器に盛りつけ、山椒少々をふる。

トマトのザーサイ和え

材料（2人分）
トマト…中2個
ザーサイ…大さじ1強
干しえび…大さじ1
ガーリックオイル＊
（なければごま油）…大さじ1½
＊油ににんにくを漬けて香りを移したもの。

作り方

夕
①トマトは湯むきし（P.19参照）、種を取り除き、ざく切りにする。
②干しえびはぬるま湯につけて10分ほど戻し、ザーサイとともにみじん切りにし、ガーリックオイルに漬ける。

夜
❸食べる直前に、①のトマトと②を和える（事前に和えると水っぽくなる）。

五目なます

材料（2人分）
大根…5㎝分、きゅうり…1本
にんじん…⅓本
セロリ（白いところ）…½本分
こんぶ（だしがらでもOK）…5㎝角
赤唐辛子（輪切り）…½個分
ごま油…大さじ1
A　酢…大さじ3、砂糖…大さじ2
　　塩…小さじ¼

作り方

夕
①野菜はすべて、同じ長さの千切りにし、塩少々（分量外）をふってしんなりさせ、水けをきる。
②こんぶも同じ長さの千切りにする。
③Aを合わせ、野菜とこんぶとともに容器に入れる。
④フライパンにごま油、赤唐辛子を入れて火にかける。香りが立ってきたら、③にまわしかけて和える。

にらと揚げのおみそ汁

作り方

夕
①にらと油揚げは、粗めのみじん切りにする。小鍋にだしを入れておく。

夜
❷だしの入った小鍋を火にかけ、みそをとく。煮えばなににら、油揚げを入れて、火を止める。

← 作り置き

豚ばらの野菜巻きの献立

豚ばらを野菜にくるくると巻いた状態で、冷蔵庫に作り置き。野菜は下ゆでしなくても、豚の脂でやわらかくなります。味つけは塩でもおいしいですが、今回はカレー塩にしてみました。れんこんとちくわの炒め物はしょうゆではなく塩味にして、青のりの風味をたのしみます。

〈夕と夜の段取り〉

夕

◎豚ばらの野菜巻きの仕込み／野菜に肉を巻く（約10分）。
◎せりとまいたけのおひたしの仕込み／せりとまいたけをゆでてひたし液にひたす（約10分）。
◎れんこんとちくわの青のり炒めを作る（約10分）。
◎豆腐とわかめのおみそ汁の仕込み／（約10分）。

夜

◎豚ばらの野菜巻きの仕上げ／グリルで焼く（約10分）。
◎せりとまいたけのおひたしの仕上げ／トッピングする（約1分）。
◎豆腐とわかめのおみそ汁の仕上げ／みそ、具を入れる（約3分）。
◎れんこんとちくわの青のり炒めを器に盛る。

できあがり ←

豚ばらの野菜巻き

材料（2人分）
豚ばら肉（薄切り）…8枚
オクラ…4本、ミニトマト…4個
甘唐辛子（万願寺など）…4本
※ズッキーニ、しいたけ、パプリカなども合う。
A 塩…小さじ1
　カレー粉…小さじ½

作り方
夕 ①オクラはがくをむく。トマト、甘唐辛子はへたを取る。
②豚肉のうち4枚は半分の長さに切り、トマトとオクラにくるくると巻きつけ、残り4枚は甘唐辛子に巻きつける。
夜 ❸魚焼きグリルの強火で、肉がカリッとするまで焼く。
❹器に盛り、Aをまぜたカレー塩につけて食べる。

豆腐とわかめのおみそ汁

作り方
夕 ①わかめ（乾燥）は戻して小さく切る。豆腐はさいの目に切る。小鍋にだしを入れておく。
夜 ❷だしの入った小鍋を火にかけ、みそをとく。煮えばなにわかめ、豆腐を入れて、火を止める。

せりとまいたけのおひたし

材料（2人分）
白まいたけ…1パック、せり…1束
そば茶（またはごま）…少々
A だし…150㎖
　白じょうゆ（または薄口じょうゆ）…大さじ1、みりん…大さじ½

作り方
夕 ①まいたけ、せりはそれぞれ塩ゆでして食べやすく切る。
②Aをまぜ、ひたし液を作り、①を入れる。
夜 ❸食べる直前に、そば茶をかける。

れんこんとちくわの青のり炒め

材料（2人分）
れんこん…小1節、ちくわ…3本
油…大さじ1、塩…小さじ1
しょうゆ…小さじ½、青のり…少々

作り方
夕 ①れんこんは細長く切ってから、手でポキポキとひと口大に折る。水にさらして、水けをきる。ちくわは縦半分に切ってから、ひと口大に切る。
②フライパンに油をひき、れんこん、ちくわの順に炒め、塩としょうゆで味つけする。保存容器に移し、青のりをふって軽く和える。

段取り実況中継

豚ばらの野菜巻きの献立を作る流れ

夕

助走

材料を出す

作る前に材料をすべて出して準備態勢に。

ざるを使って

まとめて洗う

野菜はまとめて洗うのが効率的です。

豚ばらを巻く

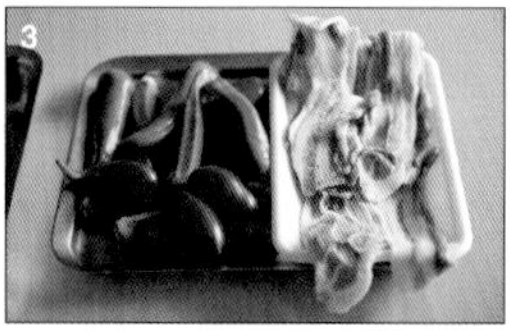

豚ばらにいきます！

まずは材料をバットにセット。

テーブルに座ってまきまき…

テレビを観ながらのんびり巻きます。

巻けた！

万願寺だけ豚ばら1枚、あとは半分です。

副菜作り

ひたし液を合わせておく

調理に入る前に合わせておくとスムーズ。

材料を切る

副菜の材料をまとめて切っていきます。

ゆでる

せりは根元から入れ、ゆですぎないように。

ひっかけて

湯きり

ざるはこうすれば湯きりしやすい。

ひたす

ペーパータオルで落とし蓋を。

シャキシャキに

仕上げ

れんこんとちくわを炒めます。

おみそ汁を準備

ベースだけ

おみそ汁は仕上げの手前まで準備。

待つ

冷蔵庫へ！

すべてセットしたら、冷蔵庫へ。

夜

助走

ごはんをセット

40分で炊けるから、逆算してスイッチ。

使いやすく

道具をセット

菜箸は水入りのコップに立てておきます。

焼く、温める

グリルで焼く

鋳物の焼き皿を使うとおいしい。

おみそ汁を仕上げ

みそをといたら煮立てないように。

盛りつけ

そのまま盛る

よそう

キッチン棚の一角で、配膳をします。

塩をセット

カレー粉と塩を小皿にまぜまぜ。

トッピング

おひたしにそば茶をかけてできあがり。

完成！

みんなの定番ストック料理

冷蔵庫や冷凍庫に「いつもこれだけは作っておく！」というメニューを教わりました。

煮込み用ハンバーグのたね

材料（2人分）

豚ひき肉…250g
玉ねぎ…小1個
しょうが…1かけ
しいたけ…1枚
きくらげ（水で戻したもの）…2枚
卵…1個
酒…大さじ1
塩、こしょう…各少々

作り方

① 玉ねぎ、しょうが、しいたけ、きくらげは、みじん切りにする。／② 容器にひき肉、卵を入れ、ねばりが出るまでよくまぜる。酒、塩、こしょうをふり、さらにまぜる。／③ ①を加えてさらにまぜたら、冷蔵庫に5分ほどおいてから、4～6等分して小判形に丸める。／④ フライパンに油（材料外）を温め、強火で表面を焼き固める。粗熱を取ってから冷凍（約2週間保存可能）。

「煮込み用に作り置きするたねなので、
中まで火を通さなくてもOK。
冷凍状態のまま、ラタトゥイユに入れたり、
鶏肉の代わりに筑前煮に
入れたりして使います（谷山彩子）」

豚の角煮

材料（作りやすい分量）

豚ばら肉ブロック…300g
ねぎの青い部分…1本分
しょうが（薄切り）…1かけ分
だしパック…1袋
酒…大さじ4
みりん…75mℓ
しょうゆ…50mℓ

作り方

① 豚肉は3cm厚さに切り、厚手の鍋（油はひかない）に脂身を下にして並べ、弱火で焼く。ジュワジュワと焼ける音がしてきたら、中強火にして両面に焼き色をつけ、いったん取り出す。／② 鍋の中の余分な脂を拭き取り、豚肉を戻す。水500mℓ、酒、ねぎ、しょうがを加え、強火にかける。沸騰したら弱火にしてアクを取り、40分ほど煮る。／③ みりん、しょうゆ、だしパックを加え、さらに20分ほど煮る。粗熱が取れたら保存容器に汁ごと移す。肉全体に汁がゆきわたるよう、浅めの容器がいい（冷蔵庫で3～4日間保存可能）。※食べる直前に、照りが出るまで20分ほど煮つめる。

「煮汁にひたして保存し、
食べる前に煮つめることで
完成する角煮です。
煮汁は多めにして、
残ったら根菜を
煮るのに使います（谷山彩子）」

にんじんとツナのマリネ

材料（作りやすい分量）
にんじん…大1本
ツナ缶詰（ノンオイル）…1缶
酢、オリーブオイル…各大さじ2
砂糖…大さじ1
塩…少々

作り方
① にんじんは千切りにし、塩もみをして30分ほどおき、水けをしぼる。／② ツナ、酢、オリーブオイル、砂糖を加えて和える（冷蔵庫で3～4日間保存可能）。

「そのまま食べるのはもちろん、
千切りのきゅうりやキャベツ、大豆の
水煮缶などと和えてアレンジすることも。
また、チーズと合わせて
サンドイッチの具にも使えます。
オイル漬けのツナを使う際は、
オリーブオイルの量を減らして調整を（藤沢あかり）」

「お酢を入れて作るのが、
おいしさのポイントです。
ごはんにかけて朝食の定番。
また、大根おろしと和えて
なめこおろしにしたり、
湯豆腐や冷や奴、
じゃがバターにかけたりして、
おつまみにも
重宝します（野口真紀）」

なめたけ

材料（作りやすい分量）
えのきだけ…4パック
しょうゆ、酒、みりん、酢、だし…各⅓カップ
砂糖…大さじ1

作り方
① えのきだけは根元を切り落とし、長さを半分に切って、手でほぐす。／② 鍋に、すべての材料を入れて弱めの中火にかける。汁けが¼ぐらいになるまで15～20分ほど煮る（冷蔵庫で約2週間保存可能）。

砂肝のポン酢漬け

材料（作りやすい分量）
砂肝…200g
しょうが…2かけ
ポン酢じょうゆ…適量

作り方
① 砂肝は、ひと口大に切る。／② しょうがは、1かけは千切り、もう1かけはざく切りにする。／③ 沸騰した湯に、ざく切りのしょうが、砂肝を入れて5分ほどゆでる。／④ 湯をきり、千切りのしょうがとともに、ひたひたのポン酢じょうゆに漬け、冷蔵庫へ（3〜4日間保存可能）。

「晩ごはんはなるべく品数をそろえたいわが家で、さっと作れるお肉のお総菜としてよく登場させています。ポン酢じょうゆで仕上げるから簡単だし、箸休めにもぴったり。しょうがはたっぷりがおいしいです（桑原紀佐子）」

塩豚

材料（作りやすい分量）
豚ばら肉または
肩ロース肉ブロック…1kg
塩…大さじ1

作り方
① 豚肉に塩をすり込み、ラップでしっかりくるんで保存袋に入れて、冷蔵庫へ。翌日から食べられる（約1週間保存可能）。

「お肉売り場で脂と肉のバランスがいいものを選びます。
薄切りにして野菜と炒めたり、蒸したり、煮たり。
フードプロセッサーにかけてシュウマイの具にすることも（宮脇 彩）」

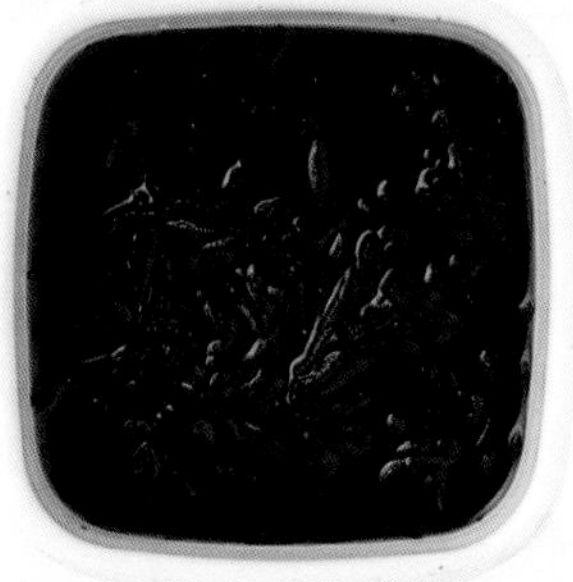

ひじきのしょうゆ漬け

材料（作りやすい分量）

ひじき（乾燥）…10g

A | 酒、みりん、しゅうゆ…各大さじ2
塩…小さじ¼
水…80mℓ

作り方

① ひじきはたっぷりの水に10分つけて戻し、ざるにあげる。／② ①を熱湯で40秒ゆでる。ざるにあげて水けをよくきり、保存容器に入れる。／③小鍋にAを入れて中火でひと煮立ちさせる。熱いうちに②の容器に加え、粗熱が取れたら冷蔵庫へ（約1週間保存可能）。

「ゆでた青菜にまぜれば、副菜がひと品完成。
ごはんにまぜたり、豚肉と炒めても（ワタナベマキ）」

切り干し大根の甘酢漬け

材料（作りやすい分量）

切り干し大根…30g

A | こんぶ…3cm角1枚
米酢…大さじ3
酒、しょうゆ…各大さじ2
塩…小さじ¼、水…250mℓ

作り方

① 切り干し大根は、たっぷりの水に8分ほどつけてから、水けをよくしぼり、保存容器に入れる。／② 小鍋にAを入れて中火でひと煮立ちさせる。①の容器に加え、粗熱が取れたら冷蔵庫へ。ひと晩ほどおいてから食べる（約1週間保存可能）。

「お漬け物感覚でそのまま食べています。
きゅうりやにんじんの千切りと
和えるのも定番（ワタナベマキ）」

にらのしょうゆ漬け

材料（作りやすい分量）

にら…1束

A | 酒、しょうゆ…各大さじ2
塩…小さじ⅓
水…100mℓ

作り方

① にらは小口切りにして、保存容器に入れる。／② 小鍋にAを入れて中火でひと煮立ちさせる。熱いうちに①の容器に加え、粗熱が取れたら冷蔵庫へ（約4日間保存可能）。

「にらの風味がしょうゆに移ります。
豆腐にかけたり、焼いた油揚げにのせたり。
ギョウザの具に使っても（ワタナベマキ）」

ちょっと先のことを、ちょっと多めにやっておく

藤沢あかり（編集・ライター）

Data.

夫、3歳の娘と3人暮らし／東京都在住／自宅仕事と現場仕事がある／支度の平均所要時間＝朝の仕込み・15〜20分、夜の仕上げ・15分

Profile.

ふじさわ・あかり／1979年生まれ。文具メーカーや通販会社で雑貨の商品企画を担当した後、住宅・インテリア・雑貨の専門誌にて編集職に就く。現在はフリーランスの編集・ライターとして、インテリアや雑貨、住宅、食、子育てなどの暮らしまわりを中心に、雑誌、webなどを手がけている。

http://akarifujisawa.com/

藤沢さんのくらし

確実なレパートリーをこつこつと繰り返す

部屋のあちこちに飾られた小物が、藤沢さんの雑貨愛を物語っています。文具や雑貨のプランナーとして働いた後、念願かなってインテリア誌などを発行する編集部に転職。出産を機にフリーランスになりました。現在は、はじめての育児が暮らしの中心を占めていて、たのしいことわからないことが交互にやってくる毎日を味わっています。仕事は家でできることから少しずつ再開していましたが、昨年の春、娘が保育園に入園して、育児と仕事の両立を模索しているところ。とくに夕方、お迎えから寝かしつけるまでの3時間がバタバタとしがちに。

「保育園へお迎えに行っても娘のおしゃべりが止まらなかったり、靴をはかなかったり。ほんとうはまっすぐ帰りたいけれど『お買い物行こうか』と誘うとすぐに靴をはいてくれるので、あの手この手です（笑）。家に着いてからごはんまでは15分が限界ですね」

コーナーごとに、雑貨や家族の写真、ドライフラワーなどを飾っています。

必要にかられて、朝のうちに晩ごはんを仕込んでおくようになりました。お菓子とパンを作るのは長年の趣味でしたが、料理をはじめたのは結婚してからのこと。娘を生んで「わが家のごはんを、どうしていこう？」と食に対する意識が高まっています。

「レパートリーは少ないんです。自分の作りたいおかず、作れるおかずがいくつかあって、それを繰り返しています。家族も同じものを食べてくれるし、新しい料理を作ろうとか、冒険をしたいほうではないのかも」

朝いちばんは娘と一緒にキッチンに立ち、トマトのへたを取ったり、卵を割ったり、簡単なお手伝いを任せます。すると娘の気もすむのか、朝食後はひとり遊びに興味が移るから、その間に晩ごはんの仕込みを一気に進める……というのが、ここ最近の段取り。

「今日のごはんだけを作ることはまず

広めのキッチンは藤沢さんの好きなものがいっぱい並んで、自分の部屋のよう。

朝の登園前に、娘の様子をうかがいつつ一気に料理を仕込みます。

ありません。たとえば春巻きならば一度に20本を包んで、その日に食べる分以外は冷凍しておきます。ふたたび登場させるのは、だいたい一週間から10日後ぐらいでしょうか。あとは野菜やささみなども多めにゆでて、すぐに使わない分はストックにまわします。冷凍庫に自家製のものがたまっていくと『よし！』ってうれしくなります」

信頼できる市販品を味方につけて

買い物は、少し前から「生活クラブ」の生協宅配サービスを使うようになって、ぐんとラクになりました。

「安心できる食材を、自然食の専門店よりは手頃な値段で買えるところが助かっています。調味料もおいしいし、お肉や野菜の『バラ凍結』がすごく便利。以前まで冷凍ごぼうも自分で下ごしらえしていたので、最初は市販品を買うのに抵抗があったんです。でも、やっぱりラクですねえ（笑）。生活クラブのならばOKなことにして、気負いすぎないようにしています」

仕事柄、センスがいい人に取材で会う機会が多く、「ていねいな暮らしをしなくちゃという呪縛がある」と笑う藤沢さん。けれども今は、小さな子どもがいて仕事も本格再開したばかり。思うように進まないことがたくさん起こります。「買い置きはしなくていいと思っていましたが、買い物に行けない日のために、よく使う乾物と缶詰は備えておくようになりました」と、マイルールを見直し中です。

理想を掲げてそれをできない自分にダメ出しするよりも「サラダは市販のごまだれを使えばマヨネーズよりはヘルシーかな」とか「連日同じでもいいから豚汁をいっぱい仕込んじゃおう」などと、許容範囲を少しずつ広げている藤沢さん。晩ごはん後のひとときは、ままごとをしたり、折り紙をしたり、娘とのコミュニケーションタイムをたのしみます。寝かしつけに絵本を読んでいますが、2〜3冊で寝てくれる日もあれば、えんえんと続く日も。そんな予定外を笑い飛ばせる心の余裕を、毎朝の段取りで確保しています。

◎ふだんの毎日

6:00	起床 夫とおしゃべりしながら、 洗濯、片づけ。 夫は自分で朝ごはんを食べる。
6:30	夫出勤 娘が起きる。一緒にキッチンに立ち、 朝ごはんの支度。
6:50	朝ごはん
7:15	家事 娘は着替えてから、登園前に ひとり遊び。その間、洗濯物を干して、 後片づけと晩ごはんの 下ごしらえをする。
8:00	自分の身支度 朝ドラを観ながら支度をして、 保育園の連絡帳も書く。
8:30	保育園へ送る
9:00	仕事
17:00	仕事を終えて、保育園にお迎え その後、まっすぐ帰る時もあれば、 一緒に買い物に行くことも。
17:15〜17:30	帰宅 すぐに晩ごはんの支度。
17:30〜17:45	晩ごはん 食後はお風呂に入り、寝る支度を 整えてから、娘と遊ぶ。
20:00	布団へ 絵本を読みながら寝かしつけ。
22:00	仕事、自分の時間 娘と一緒に寝落ちすることが 多いけれど、仕事がある時は 夫に電話で起こしてもらう。 夫の帰宅は23〜0時頃。
0:00	就寝

買い物

冷蔵庫の中は把握できる量をキープ

ストックが多くても忘れたり、使い切れなかったりするのが気持ち悪いから、買いすぎないようにしています。

メインのメニューだけざっくり決めてから、宅配食材を頼む

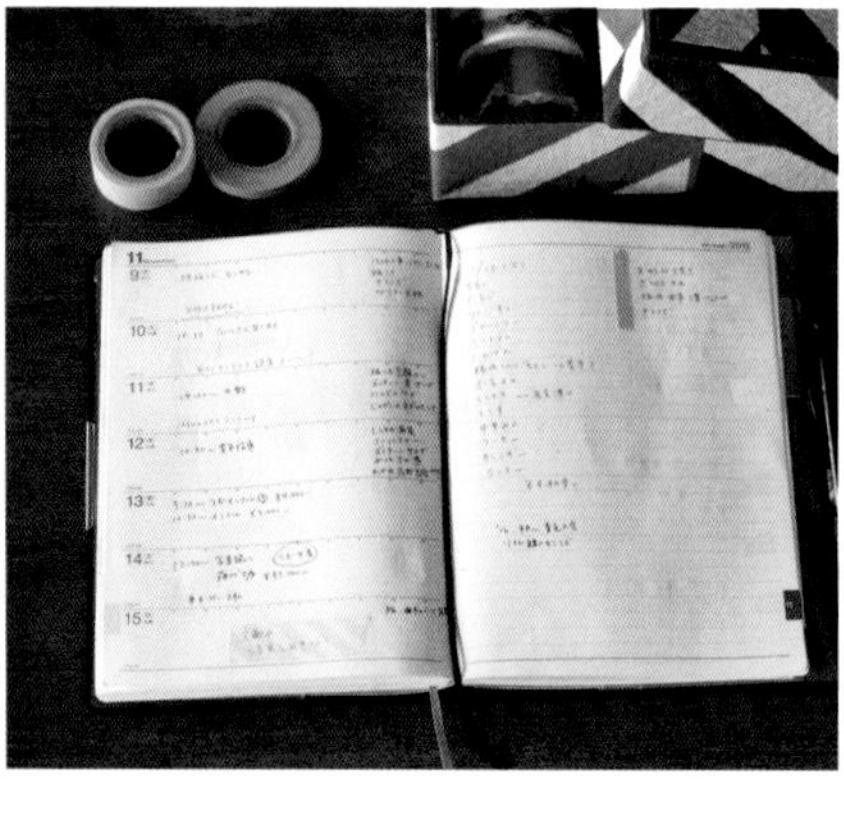

カタログを見ながら、メインの料理だけ決めて注文をします。忘れないように、作ろうと思った料理を手帳にメモ。作り終えたら線を引いて消し、頭の中を整理しておきます。

食材

すぐに使える乾物と冷凍食品をストック

よく使う乾物のひじき、春雨、切り干し大根と、缶詰の大豆は、ひとつずつ買い置きして安心を確保。煮物やサラダがさっと作れます。

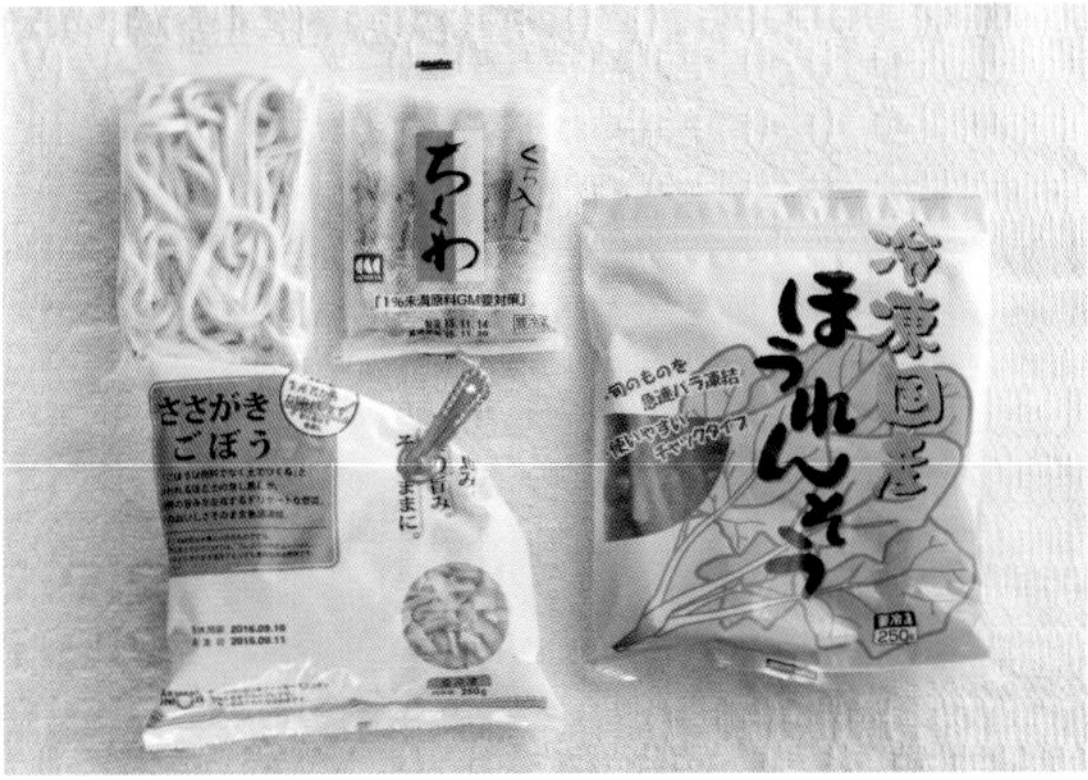

バラ凍結のごぼうなどは必要な量だけ使えて便利。食べごたえが出るちくわとさっとゆでて主食になるうどんは、藤沢家のお助け食材。

調味料をしっかり選ぶと安心

何でもイチから味つけするのはたいへんだから、添加物がなくておいしい調味料を活用。ごまだれはサラダのドレッシング代わりに。

キッチン

棚の上のトレーにお菓子やコーヒー豆をセット。仕事や家事の合間の息抜きに。

大好きな〝もの〟を、見える化して使いやすく配置

食器はやちむんなどの民芸品や、絵つけものが好き。ここからあふれない範囲を心がけて。

コンロ脇に調味料棚を設置。高野豆腐やこんぶといった乾物やティーバッグなど、ジャンルを問わずよく使うものをここに集結。

コンロの後ろの棚には、出し入れしやすい高さに、鍋やデイリー使いの食器を並べて。

冷蔵庫隣の棚の下は乾物のストックを入れる場所。お米は残量がわかるガラス容器に。

もの・道具

片づけがラクで、たのしくなる準備

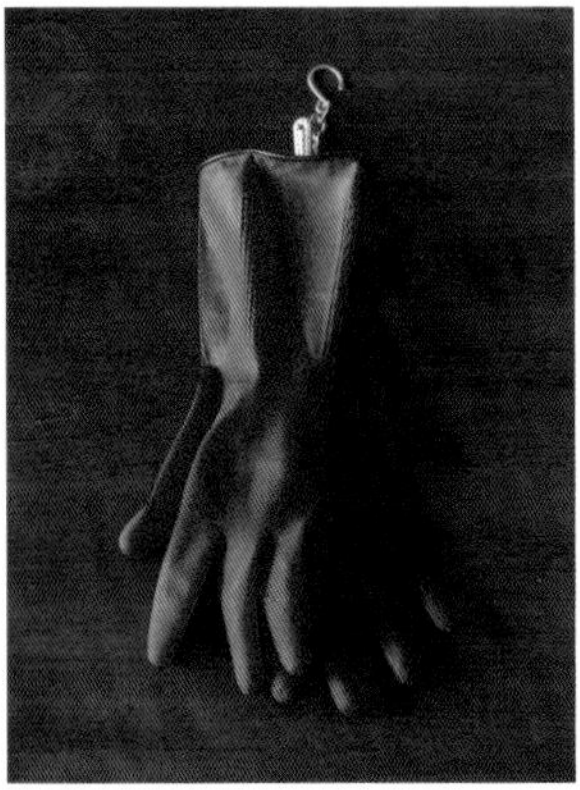

手荒れ防止のゴム手袋は、赤を選んで水仕事もたのしく。使い終えたらクリップでぶら下げて乾燥。

油汚れやソースなどがついた鍋や食器は、スクレーパーで取り除いてから洗います。

いろいろ試して、使いやすさ、耐久性ともに優れていたスポンジは「石けん百貨」のオリジナルです。

「アンティ・ヌルメスニエミ」のヴィンテージポットは傷があって使えないので、ウエス入れに。

宅配食材のチラシは紙がしっかりしているから、ゴミ袋を折って生ゴミ処理に使っています。

くふう

たくさん作って、
半量はスライドさせる

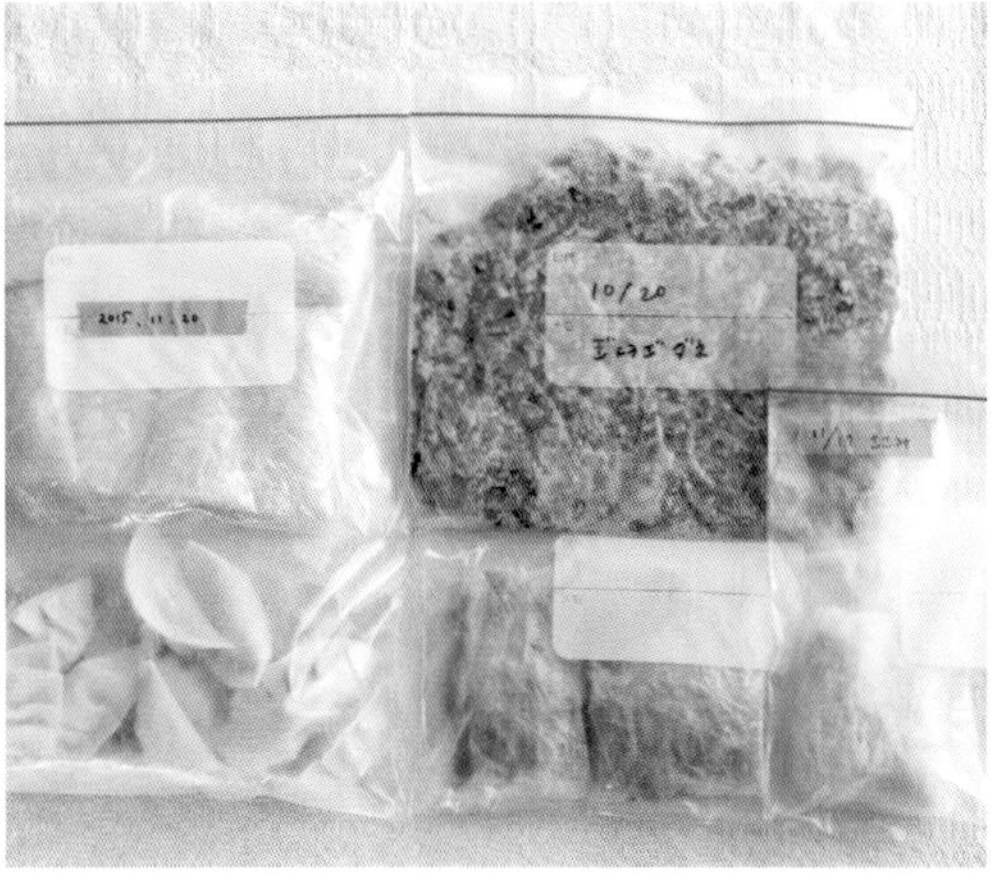

ギョウザ、春巻き、ゆで野菜、ささみなど、料理は一度に食べる量の2〜3倍を作り、残った分は冷凍に。スライド方式でこつこつとストックをためていきます。

この3品のいずれかひとつと、
ブロッコリーは、必ず冷蔵庫に

切り干し大根やひじきの煮物、にんじんとツナのマリネのいずれかひとつは、必ず作っておく定番副菜。何かとまぜたり炒めたり、アレンジしながら使い切ります。

← 作り置き

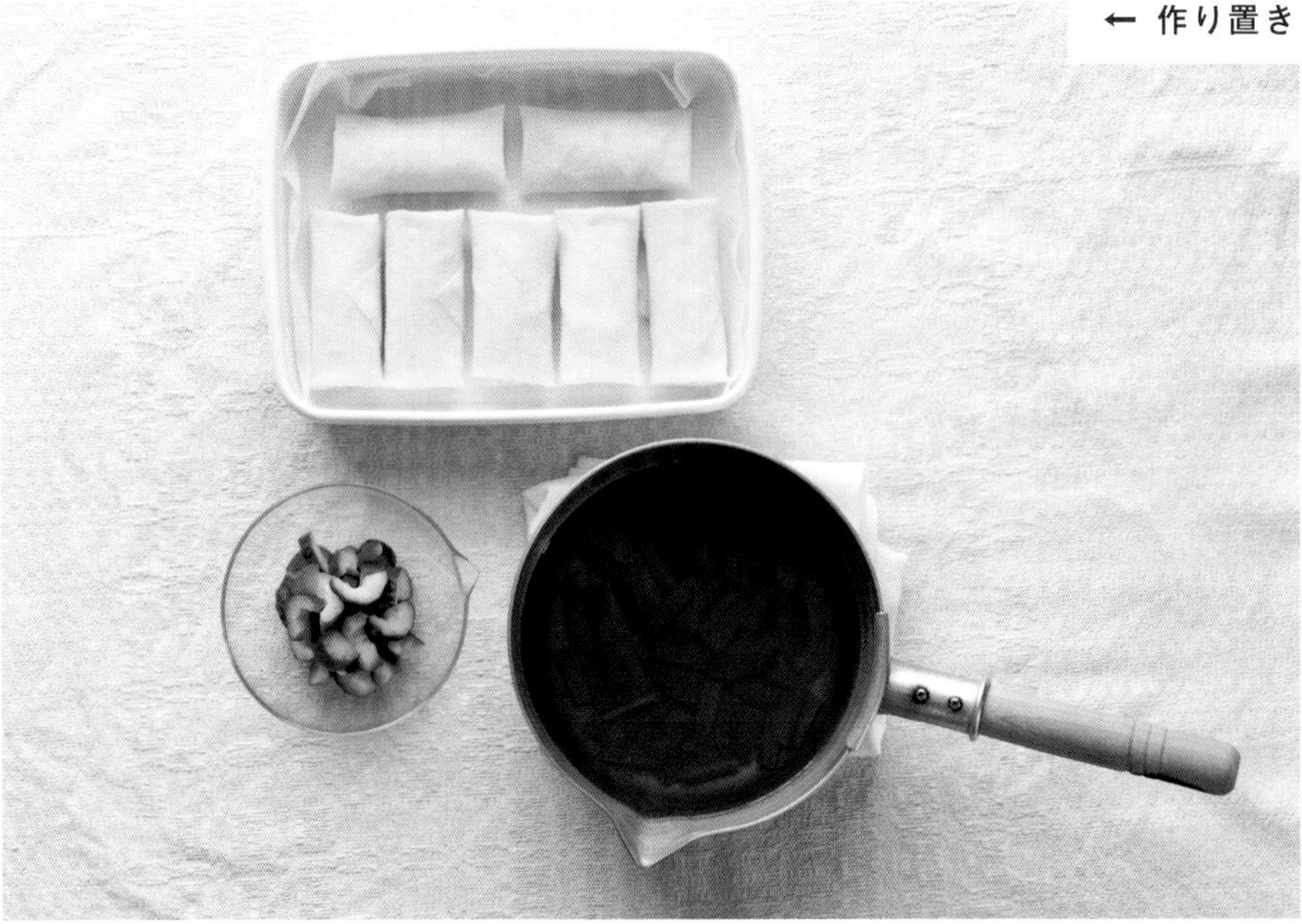

春巻きの献立

春巻きはみんなの大好物だから、しょっちゅう作るメニュー。娘なんかは苦手な野菜があっても春巻きの具にすればぺろりと食べてくれるほどです。春雨に水分を吸わせたた、わりと固めのたねが扱いやすいと思います。冷凍庫にいつもあるちくわ、しらすを使った副菜をそえて。

〈朝と夜の段取り〉

朝

◎豚肉と小松菜の春巻きの仕込み／たねを作って、春巻きを巻く（約25分）。
◎きゅうりとちくわの和え物の仕込み／きゅうりを塩もみ（約5分）。
◎ごぼうとにんじんのおみそ汁の仕込み／にんじんを切って、だしで煮る（約5分）。

↓

夜

◎豚肉と小松菜の春巻きの仕上げ／春巻きを揚げる（約10分）。
◎きゅうりとちくわの和え物の仕上げ／ちくわを切ってすべての材料を和える（約5分）。
◎ごぼうとにんじんのおみそ汁の仕上げ／冷凍ごぼうを加えて煮立て、みそをとく（約5分）。

できあがり ←

豚肉と小松菜の春巻き

材料（作りやすい分量・20個分）
春巻きの皮…20枚、豚こま肉…150g
小松菜…1束、もやし…1袋（200g）
春雨…100g、しょうが（すりおろし）…1かけ分
ミニトマト、ブロッコリー（ゆでたもの）
…あれば各適量
水とき片栗粉、揚げ油、ごま油…各適量
A 砂糖、酒、オイスターソース
…各大さじ2
しょうゆ…大さじ1½
しょうが（すりおろし）…少々

作り方

朝

①春雨は水につけて戻す。豚肉ともやしはざく切り、小松菜は粗みじん切りにする。
②フライパンにごま油をひき、豚肉、しょうがを入れて炒める。小松菜、もやしの順に加えて炒め、Aを加え、さらに炒める。
③野菜から水分が出てきたら、①の春雨を2～3cm幅に切って加え、さらに炒める（春雨は完全に戻っていなくても、野菜の水分でやわらかくなる）。全体に水分がなくなり、春雨がとろっとしたら、たねのできあがり。
④春巻きの皮にたねをのせ、水とき片栗粉をつけて巻く。
※今日中に食べる分は、春巻き同士がくっつかないよう、クッキングシートを敷いたバットに間をあけて並べたら、ラップをして冷蔵庫へ。残りは後日用に冷凍保存（1カ月以内に食べる）。

夜

❺180℃の油で揚げる。
❻あればトマトやブロッコリーをそえる。

きゅうりとちくわの和え物

材料（2人分）
きゅうり…1本
ちくわ…1本
しらす…大さじ2
塩、白いりごま…各少々
A 甘酢＊…小さじ1
ごま油…小さじ½
＊甘酢は市販のすし酢でも。

作り方

朝

①きゅうりは種を取り、5mm厚さの半月切りにし、塩をふって軽くもむ。

夜

❷ちくわは5mm厚さの半月切りにし、水けをきったきゅうり、しらす、よくまぜたAと和える。白ごまをふる。

ごぼうとにんじんのおみそ汁

作り方

朝

①鍋にだし、にんじんの短冊切りを入れ、やわらかくなるまで煮る。

夜

❷冷凍のささがきごぼうを加え、ひと煮立ちさせてみそをとく。あれば万能ねぎの小口切りを散らす。

← 作り置き

さけの甘酢あんかけの献立

甘酢あんは多めに作って、翌日お豆腐にかけて食べることも。作り置きがきいて野菜もとれる便利なメニューです。マカロニサラダは「生活クラブ」のごまだれで味つけをすると簡単でおいしいし、マヨネーズをたっぷり使うよりはヘルシーに。冷凍ストックのゆでささみがここで活躍。

〈朝と夜の段取り〉

朝

◎さけの甘酢あんかけの仕込み／材料を切って、甘酢あんを作る（約15分）。
◎ごまだれ風味のマカロニサラダの仕込み／きゅうりとにんじんを切って、塩もみ（約5分）。

夜

◎さけの甘酢あんかけの仕上げ／さけを焼いて、あんをかける（約10分）。
◎ごまだれ風味のマカロニサラダの仕上げ／マカロニをゆで、すべての材料を和える（約10分）。
◎ほうれんそうと揚げのおみそ汁を作る（約5分）。

できあがり ←

さけの甘酢あんかけ

材料(2人分)
さけ(生)…2切れ
玉ねぎ…½個
にんじん…4〜5㎝分
しめじ…½パック
スプラウト(または貝割れ菜)
…あれば適量
だし…2カップ
片栗粉…小さじ2
油…適量
A しょうゆ、砂糖
…各大さじ2
酢…大さじ1

作り方

朝
①玉ねぎはくし形切り、にんじんは千切りにする。しめじは石づきを取り、小房に分ける。
②鍋にだしを煮立て、①を加え、やわらかくなるまで煮る。
③②にAを加え、ひと煮立ちさせ、倍量の水でといた片栗粉を加えてとろみをつける(甘酢あん)。

夜
❹さけに片栗粉(分量外)をまぶし、薄く油をひいたフライパンで皮目からこんがり焼く。
❺甘酢あんを火にかけて温め、さけにかける。あればざく切りにしたスプラウトをのせる。

ごまだれ風味のマカロニサラダ

材料(作りやすい分量)
マカロニ(早ゆで)…1袋(150g)
ささみ(ゆでてほぐしたもの)*…2本分
きゅうり…1本、にんじん…5㎝分
ホールコーン…50g
甘酢…大さじ2
白すりごま…大さじ1、塩…少々
A ごまだれ(市販品)…大さじ3
マヨネーズ…大さじ1
*ささみがなければツナでもOK。

作り方

朝
①きゅうりは薄い半月切り、にんじんは薄いいちょう切りにし、塩でもむ。

夜
❷熱湯に塩少々(分量外)を加えて、袋の表示どおりに、マカロニをゆでる。湯をきり、熱いうちに甘酢と和える。
❸水けをきったきゅうり、にんじん、コーン、ささみ、Aを加えて味を調えたら、すりごまをふる。

ほうれんそうと揚げのおみそ汁

作り方

夜
❶鍋にだし、冷凍ほうれんそう、油揚げを入れてひと煮立ちさせ、みそをとく。

働くお母さんとして、食事さえ作れていたら自分の気がすむんです

桑原紀佐子（マザーディクショナリー代表）

Data.

社会人の娘、大学生と高校生の息子と4人暮らし／東京都在住／通勤時間30分／週6回は自炊・お弁当作り／支度の平均所要時間＝朝の仕込み・45分、夜の仕上げ・15～20分

Profile.

くわはら・きさこ／1970年生まれ。21歳で母となり3人の子を授かる。2001年よりフリーペーパーの発行に携わり、商品企画やイベント開催なども手がける。現在は、東京・渋谷区にある「かぞくのアトリエ（こども・親子支援センター）」「代官山ティーンズ・クリエイティブ（児童青少年センター）」を運営。子育てのたのしみを共有し、子どもたちの感性や創造力を育むための活動に力を注ぐ。http://motherdictionary.com/

桑原さんのくらし

玄関には庭で摘んだグリーンや、おおくぼともこさんに教わって自作した「ヒンメリ」が。

笑顔でいられる範囲でがんばる

家族のごはん作り歴が24年の桑原さん。3人の子どもたちが食べ盛りだった頃には、3つの宅配食材サービスをかけ持ちで使っていました。

「私の仕事もちょうど忙しい時期だったから、オーダーシートを書く時間もとれなくて、季節の野菜セットと定番の食材が自動的に届くようにお願いしていたんです。だから週に3回、それぞれから大根1本とか白菜1個が続けて届いちゃう。季節の野菜と格闘している毎日でした（笑）」

せっかくの有機野菜を新鮮なうちに使いたくて、煮物、おひたし、ぬか漬け、おみそ汁などの定番メニューをひたすら作りました。朝晩の食事に加えてお弁当作りや、部活の朝練用におにぎりを持たせていたことも。

「私の母がちゃんと料理を作る人だったし、私もそれがうれしかったから、自分の子にも同じようにしたかったんですね。でも、さすがに休みナシでやっていると義務みたいになっちゃう。もともと料理が好きだったはずなのに、一時期はがんばりすぎました」

現在では上の子2人が成人し、桑原さんにも自分の時間が生まれました。

「今も4人分の食事を作っていますけれど、朝のうちに晩ごはんの仕込みを終わらせるようになったら、すごく気持ちがラクなんです。以前も下ごしらえはしていましたが、朝食を出す時間が違ったり、洗濯物も多かったりで、今ほどはできなかった。仕事から帰ってくるとクタクタでしょう？ 自分だけがごはん作らなくちゃと急いでいると子どもにあたりたくなっちゃうけれど、あとは仕上げだけになっていれば、家族に対してもやさしい気持ちでいられます（笑）」

今でも食材調達は、週2回の宅配がベースです。

「一度しばらく宅配をやめてみたこと

があるんです。でも、トータルの食費は変わらなかったの。買い物に行くとつい余計なものまで買っちゃうけれど、宅配だとあるものでなんとかするのでしょうね。仕事帰りに買い物に行くと荷物が重くなるので、宅配に戻して、息抜きに買い物をしています」

夜、帰宅して宅配食材が届いていても、その日はいったんそのまま冷蔵庫にしまい、翌朝に作業をしていると話す桑原さん。以前のように無理はしなくなりました。料理も前までは何もかも手作りでしたが、最近ではおいしくて素材もいい半調理品があるから、気に入ったものを見つけてどんどん活用しています。

「働くお母さんって、仕事と家庭と自分のテンションとを保っていかなくちゃいけないでしょう？　だから、たのしいこととやラクなことも取り入れていかないと……と思うんです。家族にとって何より大切なのは、お母さんが笑顔でいること。自分がいっぱいになった経験があるからこそ、それが心からわかるようになりました」

いろいろな時期を経てあらためてたどり着いたのは、やっぱり食を大事にしたい気持ちでした。

「子どもたちが成長して、うちのごはんがおいしいと言ってくれたり、食事当番を買って出てくれたりする姿を見て、続けてきてよかったなあって。子どもにはもう自分の社会があるし、一緒にすごす時間は少なくなったけれど、食事があればみんな帰ってくる。もしそれぞれが外食だったら、すさんじゃう気がします。今となっては私がしてあげられるのはごはんの支度くらい。それができていれば私の気もすむんですよね。家族は食でつながっているんだなあって、つくづく思います」

◎ふだんの毎日

7:00	起床 身支度。洗濯。お弁当作り、晩ごはんの仕込み、 朝ごはんの支度を同時進行。その間に朝食もとる。 これらをだいたい2時間ですませるのが目標。
9:30	プレ仕事 メールチェックなど（立ち寄りがあれば早く家を出ることも）。
10:30	家を出る
11:00	仕事
20:30	仕事を終える
21:00	帰宅 すぐに晩ごはんの支度。
21:30	晩ごはん 片づけ。洗濯物をたたむ。お風呂に入る。
1:00	就寝

買い物

休みの日にはデパ地下などで買い物するのがたのしみ。買ったり届いたりした食材は、翌朝にどんどん下ごしらえをして冷蔵庫へ。右下のホーロー容器の中はぬか床です。

宅配2回と、週2の買い足し

宅配食材のユーザー歴も24年。火曜日に「大地宅配」と水曜日に「地球人倶楽部」から、季節の野菜や定番の食材が届きます。

キッチン

よく使うものは、オープン収納

キッチンとダイニングスペースの間にオープン棚を置いてカウンター代わりに。よく使う食材や道具を取り出しやすく収納しています。

もの・道具

週5は作る煮物を、おいしくする道具

均等に熱が伝わるアルミ鍋は京都の「WESTSIDE33」で、むらなく煮つめる落とし蓋は葉山の「工房 杢」で買ったもの。

テーブルに、そのまま出せるフライパン

器も大好きでたくさん持っていますが、最近のお気に入りは成田理俊さんの鉄製フライパン。取っ手がないので、ジューッと焼いてそのままテーブルへ出してもサマになります。

おいしい市販品に 助けてもらう

おひたし、おみそ汁、煮物などに使うだしパックは「あご入り 兵四郎だし」がおいしい。

中東の万能調味料であるハーブミックス「ザータル」は、使うとたちまち多国籍な味に。

にんにくは加工品を使うのがだんぜん便利。「ビバ ガーリック」は原材料がシンプルです。

デパ地下で精肉の「あづま」に寄ったら、よく買うのがこのつみれです。鍋や汁物に。

あとは揚げるだけの「天然エビフライ」は「地球人倶楽部」で注文。繁忙時に頼ります。

ハンバーグだねも時々買っちゃいますが「成城石井」の生ハンバーグは家族にも好評。

くふう

新しい料理を実験してたのしむ

新たな食材に出合うのがおもしろくて「大地宅配」では在来品種の野菜が届く登録にしています。

旬の野菜が届いたら、とりあえず漬ける、干す

青菜はおひたし、きゅうりは塩もみ、にんじんはオイル漬けなど、届いた野菜は新鮮なうちにひと手間を。

お天気の日は朝から野菜を干しておくと、味に深みが。家庭ですぐ食べるものだから、気楽に試しています。

← 作り置き

丸鶏のスープの献立

料理上手の友だちに教わって以来、ゆで丸鶏をよく仕込みます（ゆで方などはP．124に）。火にかけておくだけだから簡単。お肉がいっぱいとれてむね肉、もも肉をそれぞれ買うよりお得だし、スープまでおいしい！　副菜の煮物はたっぷり作って翌日のお弁当にも使います。

〈朝と夜の段取り〉

朝 → 夜

朝

◎ゆで丸鶏の仕込み／丸鶏をゆでる（約60分）。
◎丸鶏のスープの仕込み／具材を準備（約5分）。
◎鶏肉の葉っぱ巻きの仕込み／野菜を洗い、たれを作る（約5分）。
◎根菜の煮物を作る（約45分）

夜

◎ゆで丸鶏の仕上げ／骨をはずして身をほぐす（約5分）。
◎丸鶏のスープの仕上げ／具材を入れて温める（約5分）。
◎鶏肉の葉っぱ巻き、根菜の煮物を器に盛る。

できあがり ←

丸鶏のスープ

材料（作りやすい分量）

丸鶏のゆで汁…1羽分
わかめ（塩蔵）…20〜30g
春雨…1袋（80〜100g）
豆腐…1丁、香菜…1/4束
塩、こしょう…各適量
好みで中華だしやラー油…各適量

作り方

朝 ①丸鶏をゆでる（P.124参照）。
②春雨は戻す。わかめ、香菜はざく切りにする。

夜 ❸ゆで汁はこしながら鍋に入れる。春雨、さいの目に切った豆腐を加え、ひと煮立ちさせる。塩、こしょうで味を調える（好みで中華だしやラー油を加える）。
❹わかめ、香菜を加える。

鶏肉の葉っぱ巻き

材料（作りやすい分量）

鶏肉（ゆで丸鶏をほぐしたもの）、グリーンリーフ…各適量
A 黒酢、水…各1/4カップ
しょうゆ、酒…各大さじ1強
長ねぎ（みじん切り）…大さじ1〜2

作り方

朝 ①グリーンリーフを洗って、水けをきる。Aをまぜてたれを作る。

夜 ❷ゆで丸鶏をほぐした肉を、グリーンリーフにのせてたれをかけ、巻いて食べる。

根菜の煮物

材料（作りやすい分量・4〜5人分）

豚肉…200g
ごぼう…2〜3本
こんにゃく…1枚
さといも…6〜7個
しいたけ…4〜5個
酒…大さじ4〜5
だし…適量
みりん…大さじ2〜3
しょうゆ…大さじ2

作り方

朝 ①こんにゃくは下ゆでし、食べやすい大きさにちぎる。
②ごぼうは乱切りにして酢水にさらす。さといもはひと口大に切って水にさらす。しいたけは軸を取り、4等分に切る。豚肉はひと口大に切る。
③鍋に油（材料外）をひき、豚肉を炒めてから、ごぼう、こんにゃく、さといも、しいたけの順に加えながら炒める。
④油がまわったら、酒をふり、だしをひたるくらいに加えて煮込む。
⑤みりん、しょうゆを加えて煮絡める。

ぬか漬けの根菜ソテーの献立

とりあえずぬか床に漬けていた根菜を、試しにソテーにしたら意外なおいしさを発見。塩もみした白菜を柿で和えたり、干した野菜を炒めたり、いろんな味で野菜をたのしみたい日の献立です。わが家は男子が2人いるので、焼き魚もそえました。やはり、おみそ汁以外は翌日のお弁当に。

〈朝と夜の段取り〉

朝

◎ぬか漬けの根菜ソテーの仕込み／根菜をぬか床に漬ける（約5分）。
◎白菜と柿の和え物の仕込み／材料を切る（約5分）。
◎干し野菜と牛肉の炒め物の仕込み／野菜を切って干す（約5分・干し時間は含まず）。
◎大根のおみそ汁を作る（約10分）。

夜

◎ぬか漬けの根菜ソテーの仕上げ／材料を切って、焼く（約10分）。
◎白菜と柿の和え物の仕上げ／（約2分）。
◎干し野菜と牛肉の炒め物の仕上げ／（約8分）。
◎同時進行で、魚の干物を焼く（約10分）。
◎大根のおみそ汁をよそう。

できあがり ←

ぬか漬けの根菜ソテー

材料（作りやすい分量・4～5人分）
れんこん…1節、かぼちゃ…1/4個
ぬか床、バター、しょうゆ…各適量

作り方

朝 ①れんこんは、横2～3等分に切る。かぼちゃは、種を取ってところどころ皮をむき、2～3等分に切る。ともにぬか床に漬ける。

夜 ❷れんこんとかぼちゃをぬか床から取り出して洗い、1cm厚さに切る（れんこんは皮をむく）。水けを拭き取る。
❸フライパンにバターを入れ、❷をソテーする。仕上げにしょうゆをたらす。

白菜と柿の和え物

材料（作りやすい分量・4～5人分）
白菜…3～4枚
柿（よく熟したもの）…1～2個
塩…適量

作り方

朝 ①白菜はざく切りにして、塩少々をふってもみ、水けをきる。
②柿はひと口大に切る。

夜 ❸白菜と柿を和える。味をみて、足りなければ塩で調える。

干し野菜と牛肉の炒め物

材料（作りやすい分量・4～5人分）
牛肉…200g
パプリカ…2個
ミニトマト…1パック
にんにく（みじん切り）…1かけ分
みそ、ソース…各小さじ1/2
みりん、ナンプラー…各少々
ごま油…適量

作り方

朝 ①ミニトマトは半分に、パプリカは種を取り除き1～2cm幅に切って、ざるに並べて干す。

夜 ❷牛肉はひと口大に切る。フライパンにごま油をひき、にんにくを入れて香りが出たら、牛肉を加えて炒める。
❸パプリカ、ミニトマトの順に加えて炒め、残りの調味料を加えてまぜ合わせる。

大根のおみそ汁

作り方

朝 ①鍋にだし（だしパックを使う）と、短冊切りにした大根と油揚げを入れ、やわらかくなるまで煮たら、みそをとき入れる。万能ねぎは小口切りにする。

夜 ❷おみそ汁を温めてお椀によそった後で、万能ねぎを散らす。

丸鶏のゆで方・ほぐし方

ゆで丸鶏

材料（作りやすい分量）

丸鶏（内臓を除いたもの）…小1羽
長ねぎ…1本、八角…1個
しょうが（スライス）、にんにく（つぶす）…各2かけ分
酒（日本酒または紹興酒）…適量
※洋風にしたい場合は、酒→白ワイン、八角→ローリエ、長ねぎ→セロリに替え、好みのハーブを入れて煮る。

作り方

① 丸鶏が入る大きな鍋に、すべての材料とかぶるくらいの水を入れ、強火にかける。 ② 煮立ったらていねいにアクを取り、蓋をして弱火で1時間弱ほど煮込む。 ③ 火を止めて、余熱でおく。 ❹ 丸鶏の骨をはずし、身をほぐす。ゆで汁はとっておく。

＼ わずか2分！／

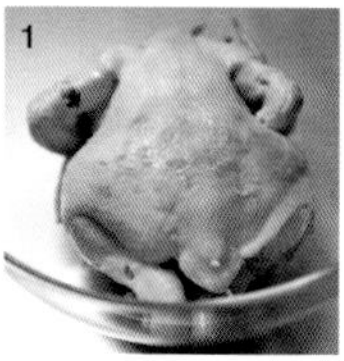

ゆであがった丸鶏はボウルに移し、素手でほぐしていきましょう。

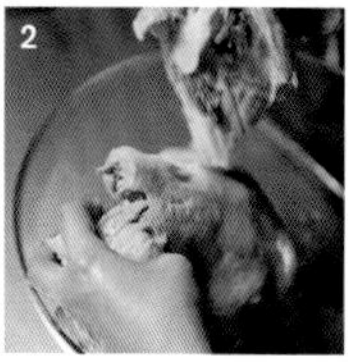

ほぐれた身は、骨をよけて別の容器に。部位は気にせずどんどんためていきます。

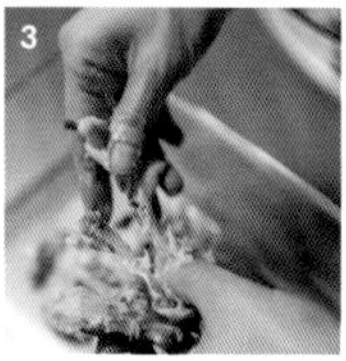

細かい骨のまわりは、指先で身をしごきます。慣れればここもスピードアップ。

わずか2分でたっぷりの肉が。やわらかいからいろんな料理に使えます。

ゆで丸鶏の展開レシピ

バンバンジー

材料（2人分）

鶏肉（ゆで丸鶏をほぐしたもの）
…150g
きゅうり…2本
A　白練りごま…大さじ2
　酢、砂糖…各大さじ1
　みそ、しょうゆ、ごま油
　…各小さじ1
　ラー油…適量

作り方

① きゅうりは輪切りにし、塩（材料外）をふってもむ。／② Aをまぜ合わせ、鶏肉、水けをしぼったきゅうりと和える。

晩ごはんのおかずでお弁当

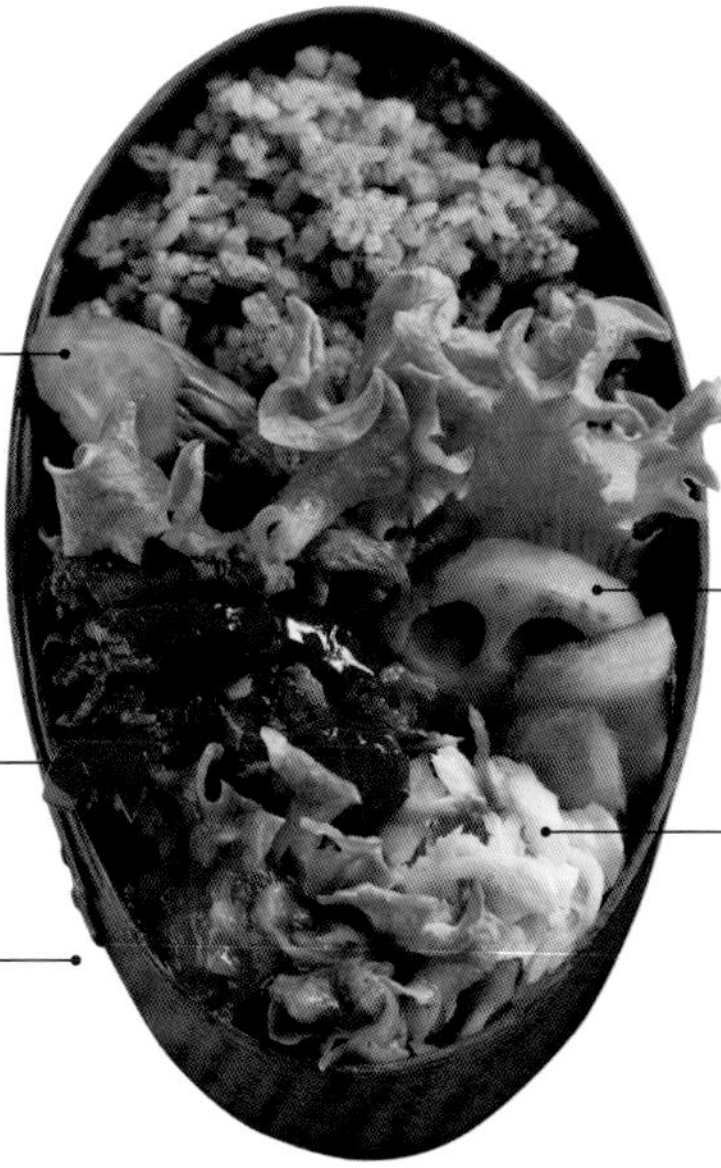

晩ごはんのおかずは多めに作り、翌日のお弁当につめるという生活を続けて20年近く。P. 122の献立をそのまま使うとこんなお弁当に。まずは晩ごはんをきちんと作ることが、お弁当の長続きにもつながります。

チキンパスタ

材料（2人分）

スパゲッティ…200g
鶏肉（ゆで丸鶏をほぐしたもの）
…150g
まいたけ…1パック
玉ねぎ…½個
生クリーム…20g
にんにく（みじん切り）
…1かけ分
赤唐辛子（輪切り）…1～2本分
バター…少々
オリーブオイル、塩、
黒こしょう…各適量

作り方

① 熱湯に塩少々を加えて、袋の表示どおりに、スパゲッティをゆでる。／② まいたけは、石づきを取って小房に分ける。玉ねぎは、薄切りにする。／③ フライパンにオリーブオイル、にんにく、玉ねぎを入れて炒め、まいたけを加えてさらに炒め、鶏肉を加えてさっとまぜる。／④ 湯きりしたスパゲッティ、バター、生クリーム、赤唐辛子を加えてまぜ、塩、こしょうで味を調える。

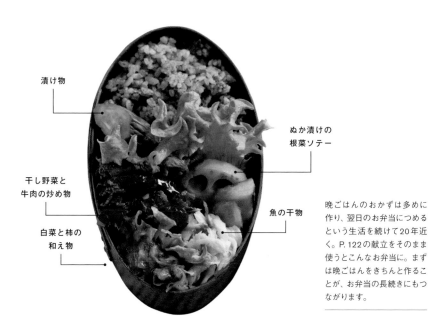

主材料別索引

料理	野口真紀（p.8～29）、ワタナベマキ（p.30～51） 谷山彩子（p.58～75）、宮脇 彩（p.76～91） 藤沢あかり（p.96～111）、桑原紀佐子（p.112～125）

写真	馬場わかな
デザイン	漆原悠一（tento）
企画・構成・文	石川理恵
校正	堀江圭子
編集	鈴木理恵、北島 彩

朝作って、夜仕上げる 段取りごはん

2020年5月20日　初版第1刷発行

発行者	久保田榮一
発行所	株式会社 扶桑社 〒105-8070 東京都港区芝浦1-1-1 浜松町ビルディング 電話 03-6368-8808（編集）／03-6368-8891（郵便室） www.fusosha.co.jp
印刷・製本	大日本印刷株式会社

ISBN978-4-594-08483-7

本書は2016年3月に地球丸より刊行されたものを復刊したものです。
掲載されているデータは、2020年4月24日現在のものです。